WIE MAN ZEICHNET

ALLES IN 3D

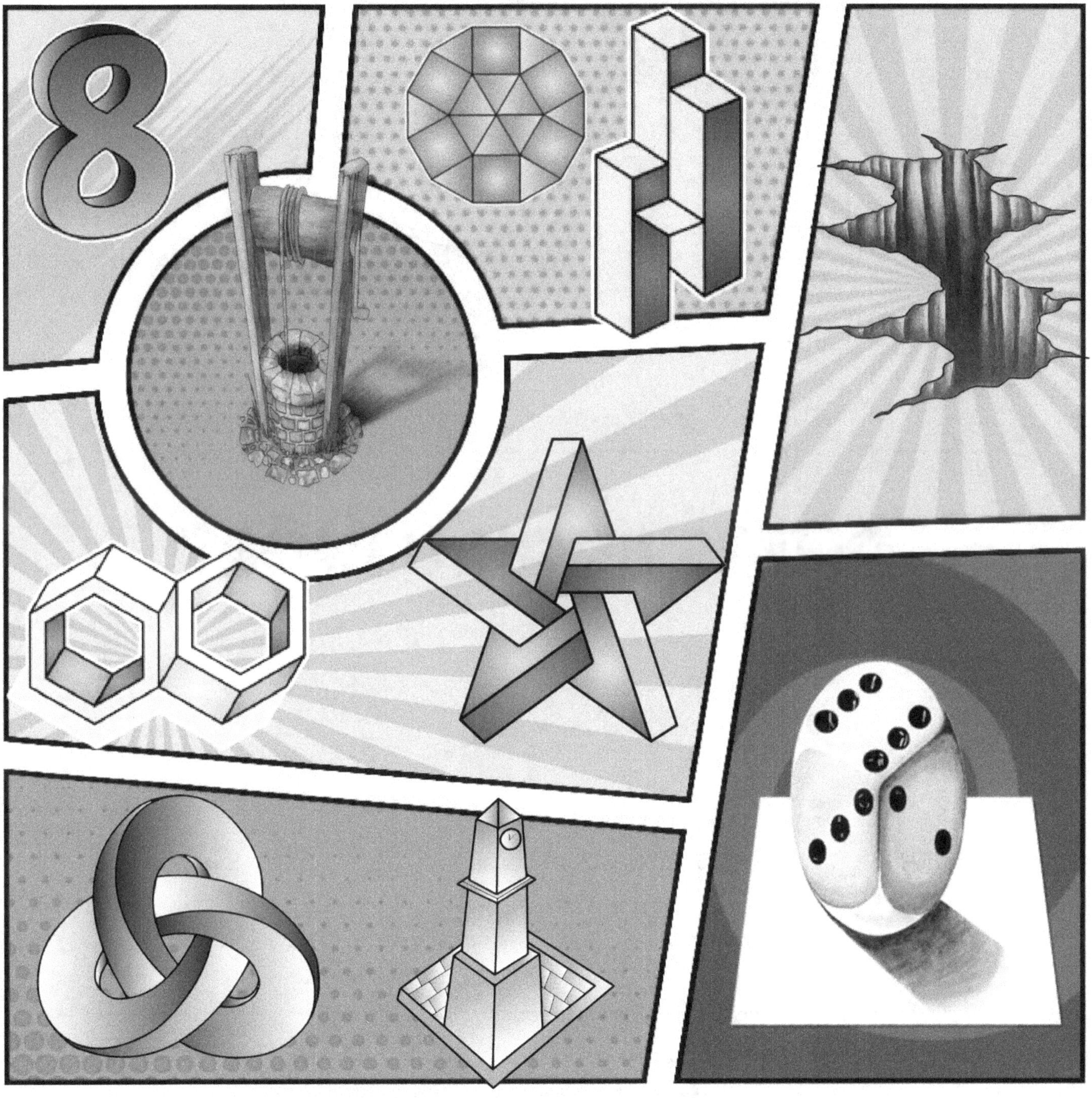

Williams Press

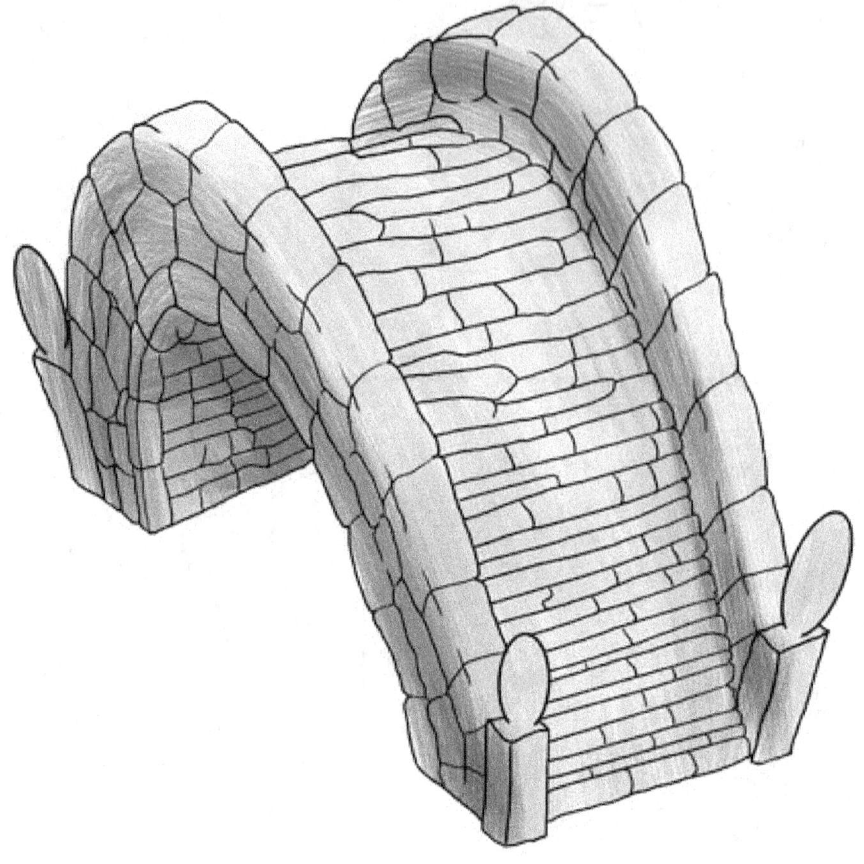

DIESES BUCH GEHÖRT

....

....

ALLES IN 3D

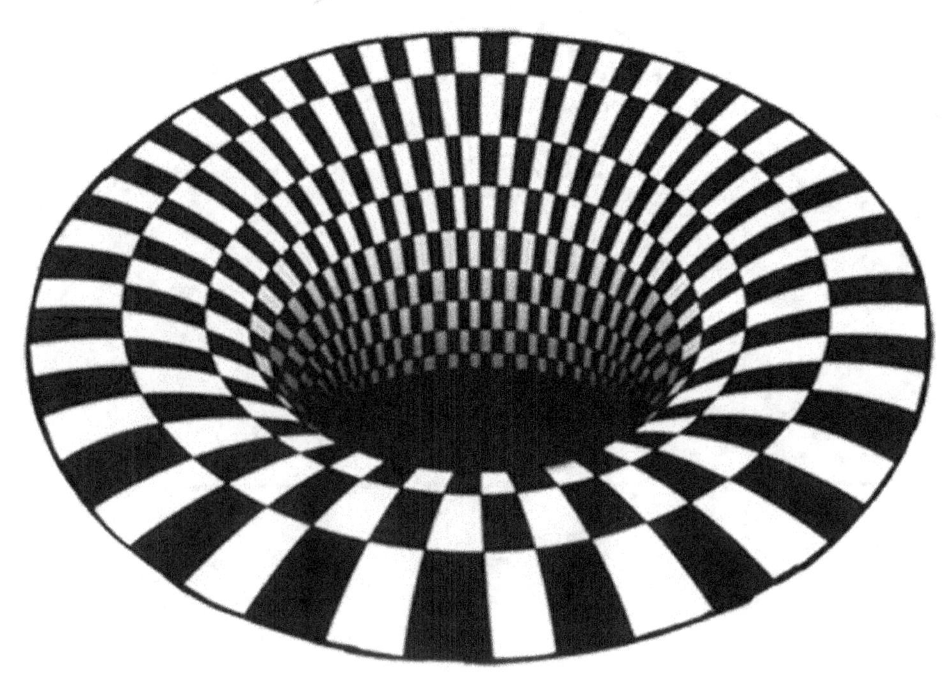

Wie man dieses Buch nutzt,Alles, was Sie brauchen, um loszulegen, ist ein Blatt Papier, ein Bleistift und ein Radiergummi. Sie können aber auch jedes beliebige Werkzeug verwenden, um die Zeichen zu zeichnen

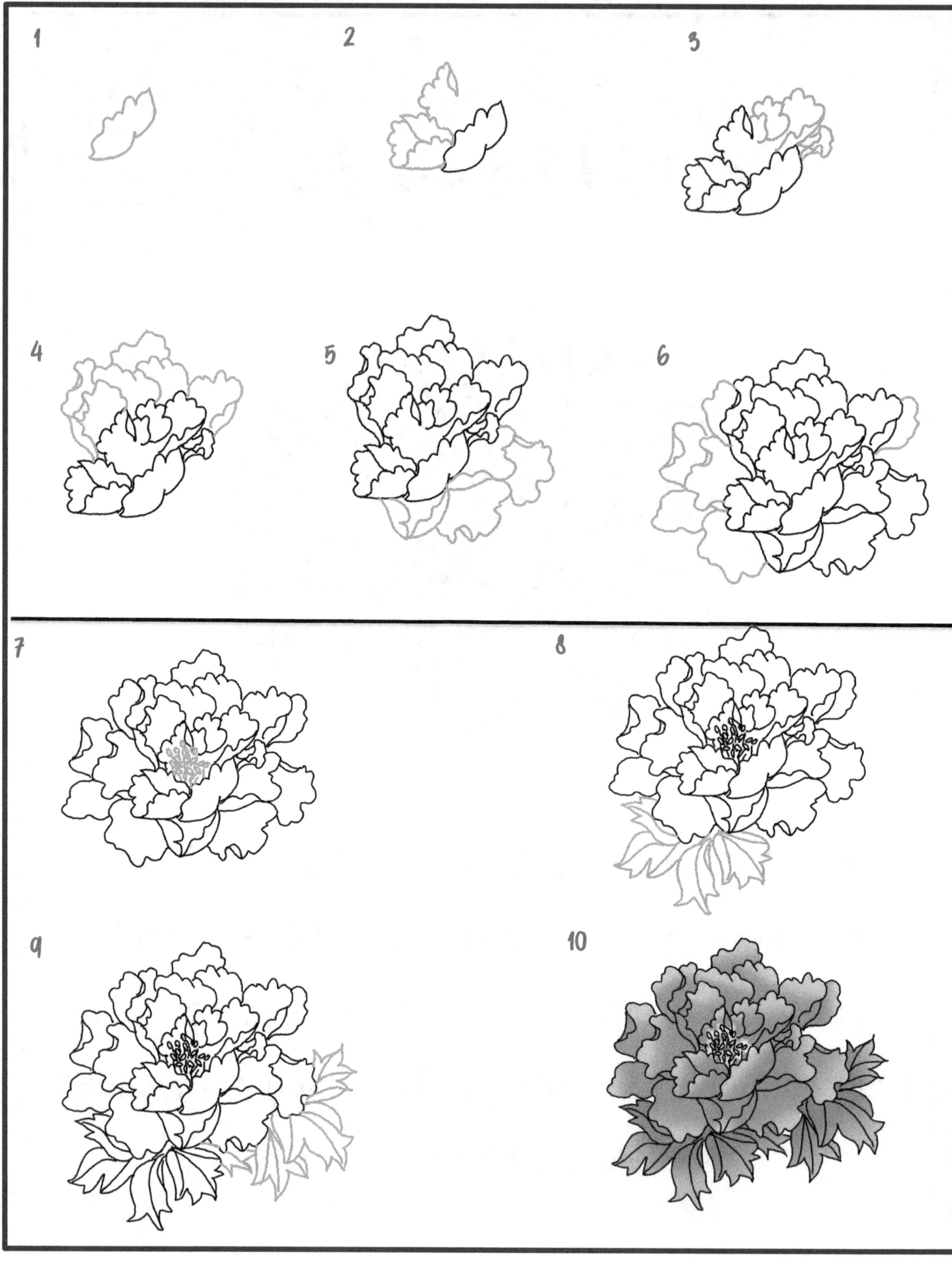
1
2
3
4
5
6
7
8
9
10

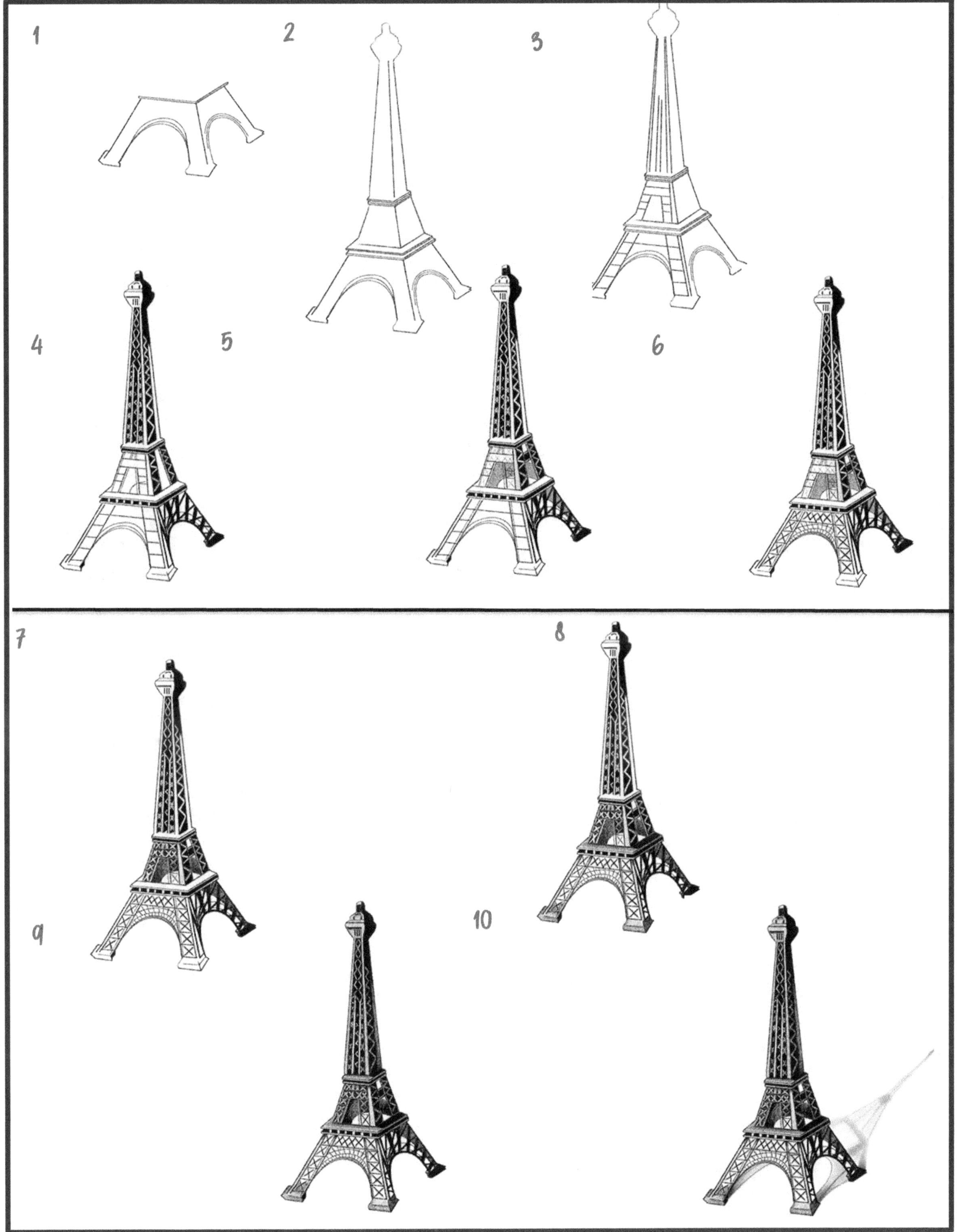
1
2
3
4
5
6
7
8
9
10

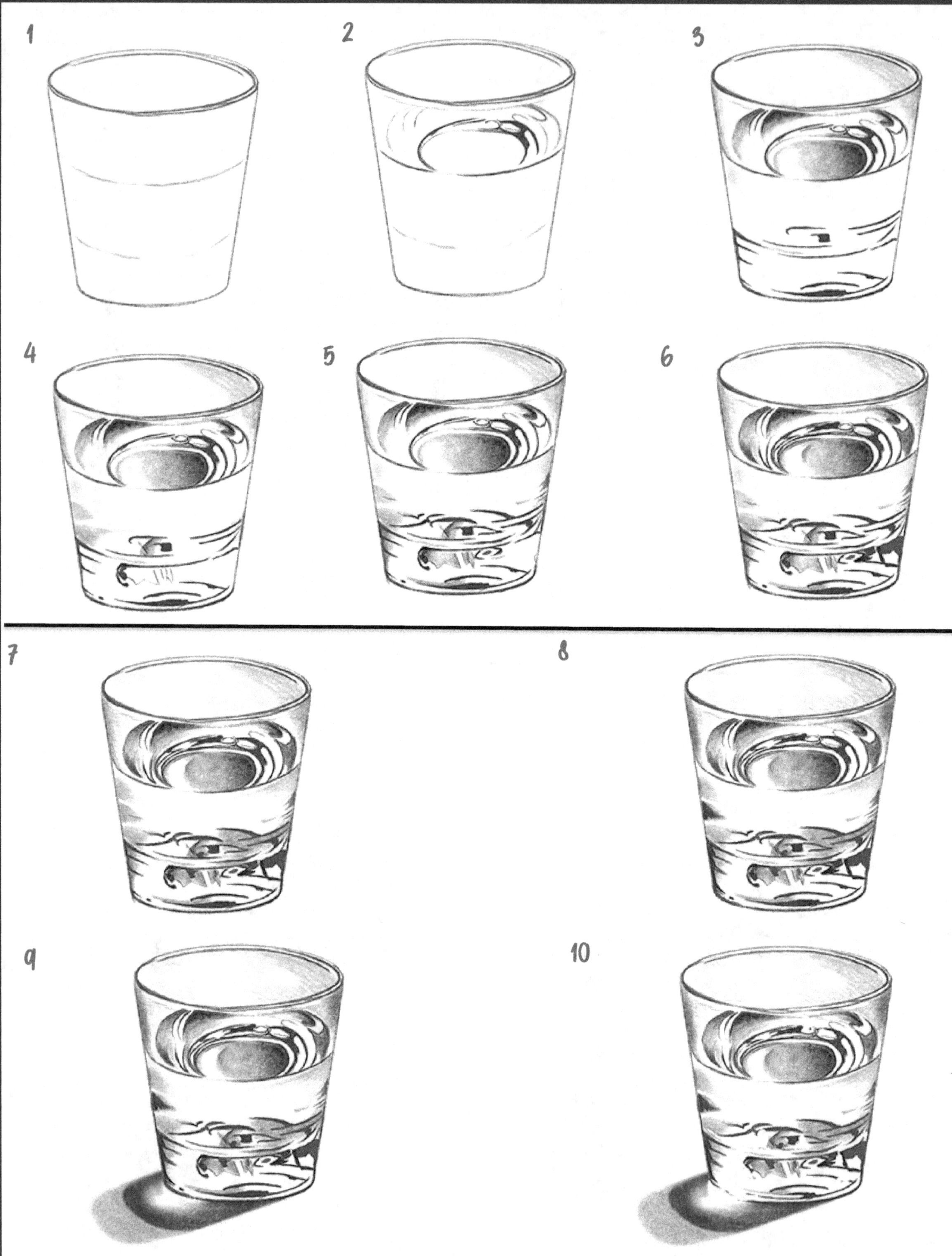
1
2
3
4
5
6
7
8
9
10

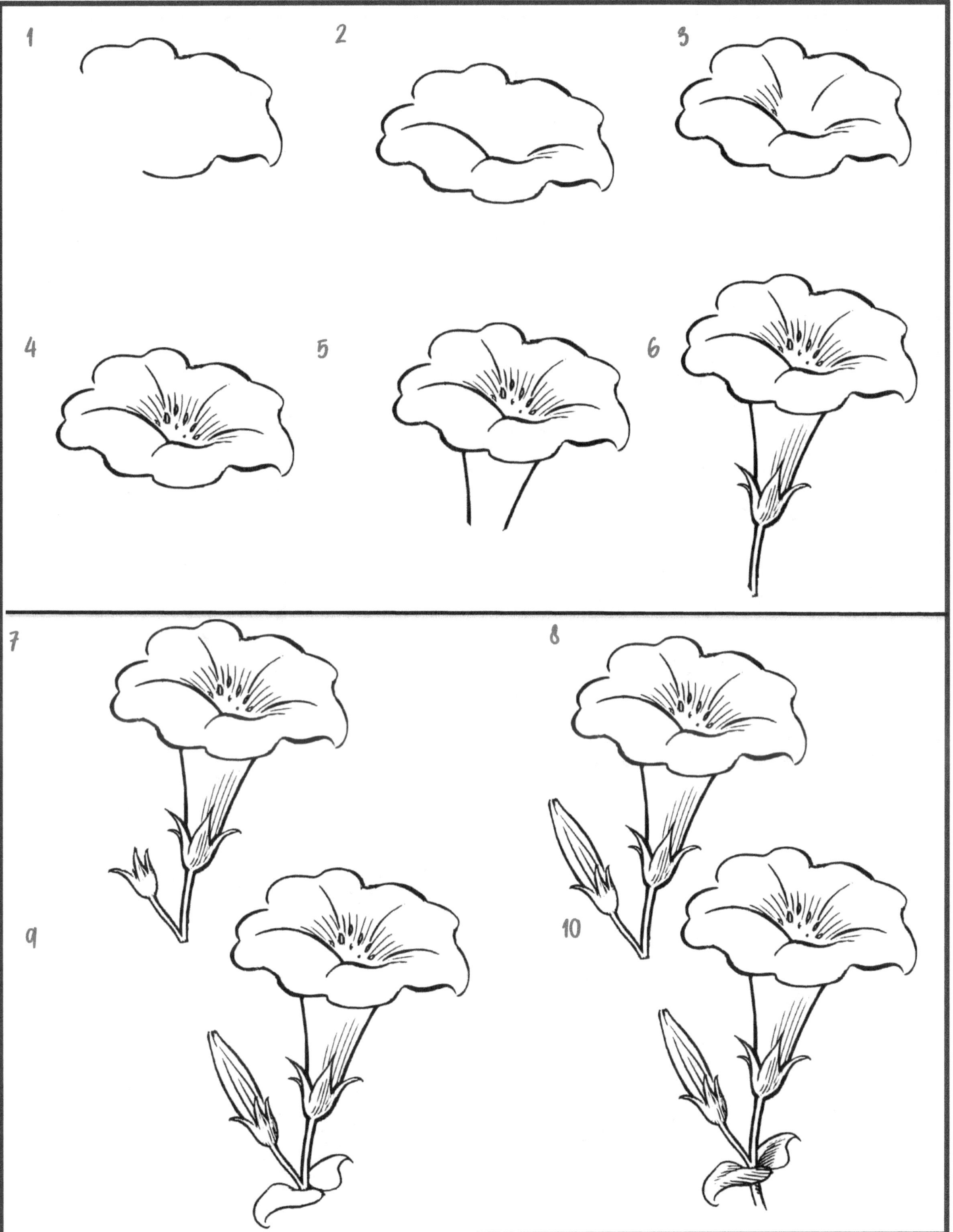
1
2
3
4
5
6
7
8
9
10

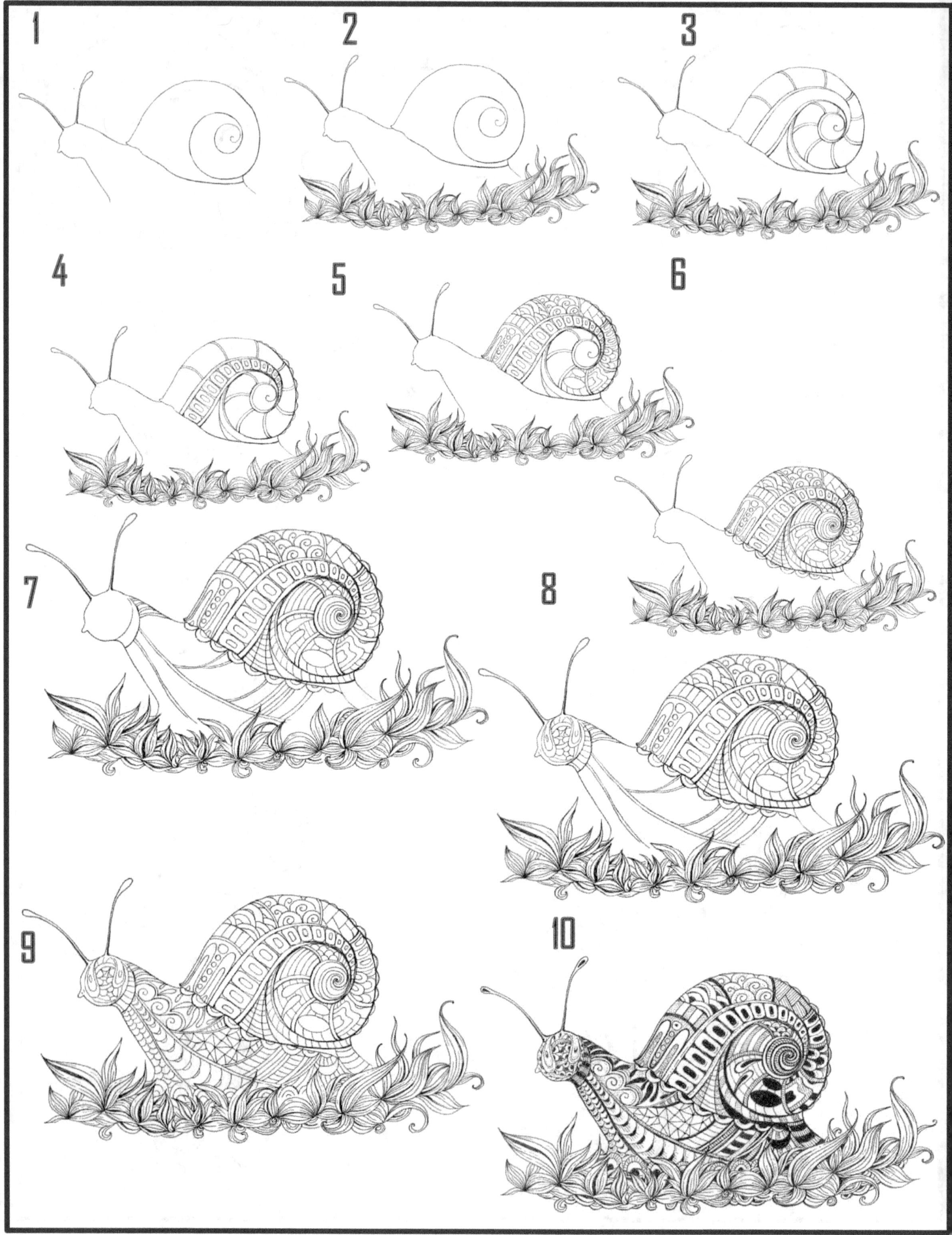
1
2
3
4
5
6
7
8
9
10

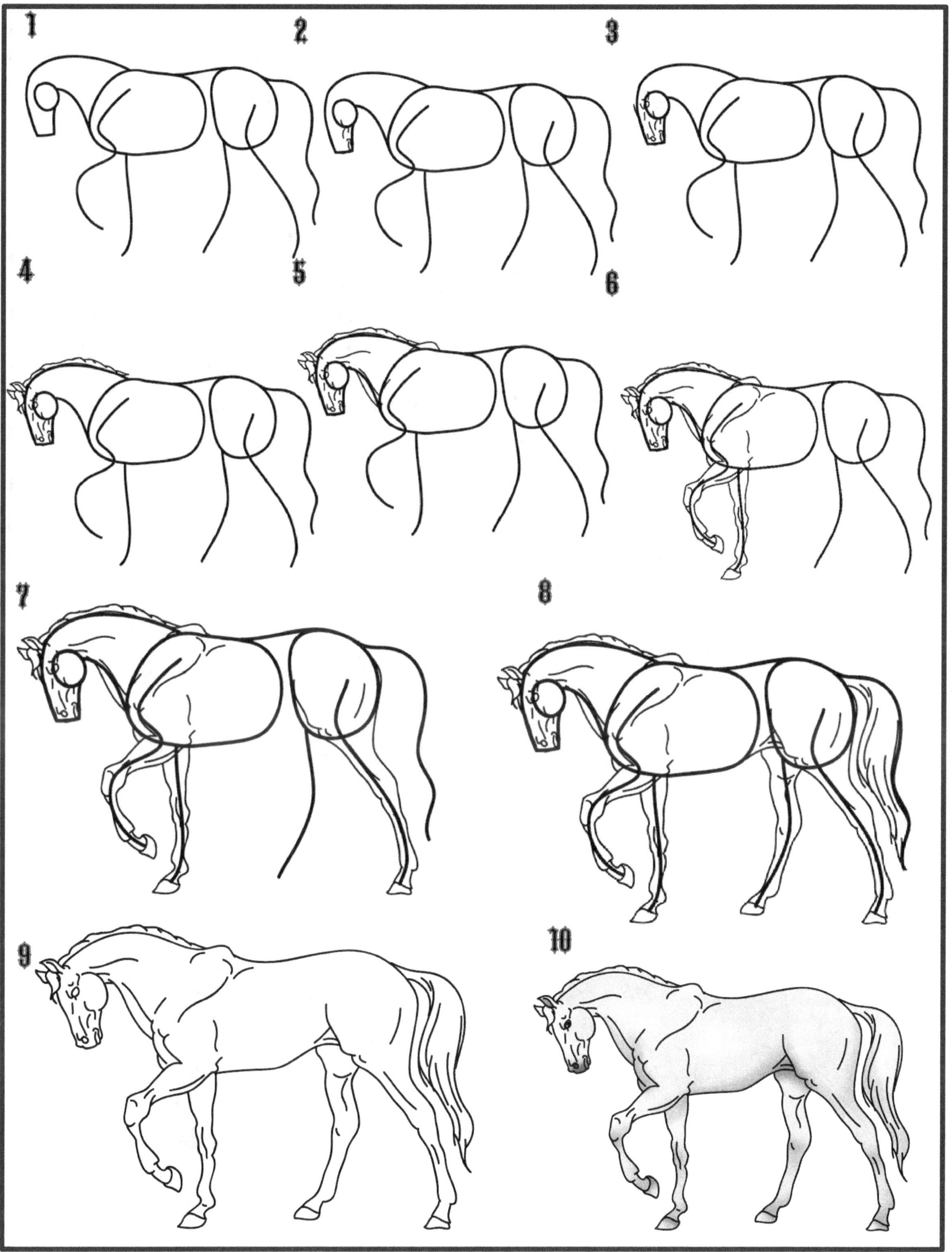
1
2
3
4
5
6
7
8
9
10

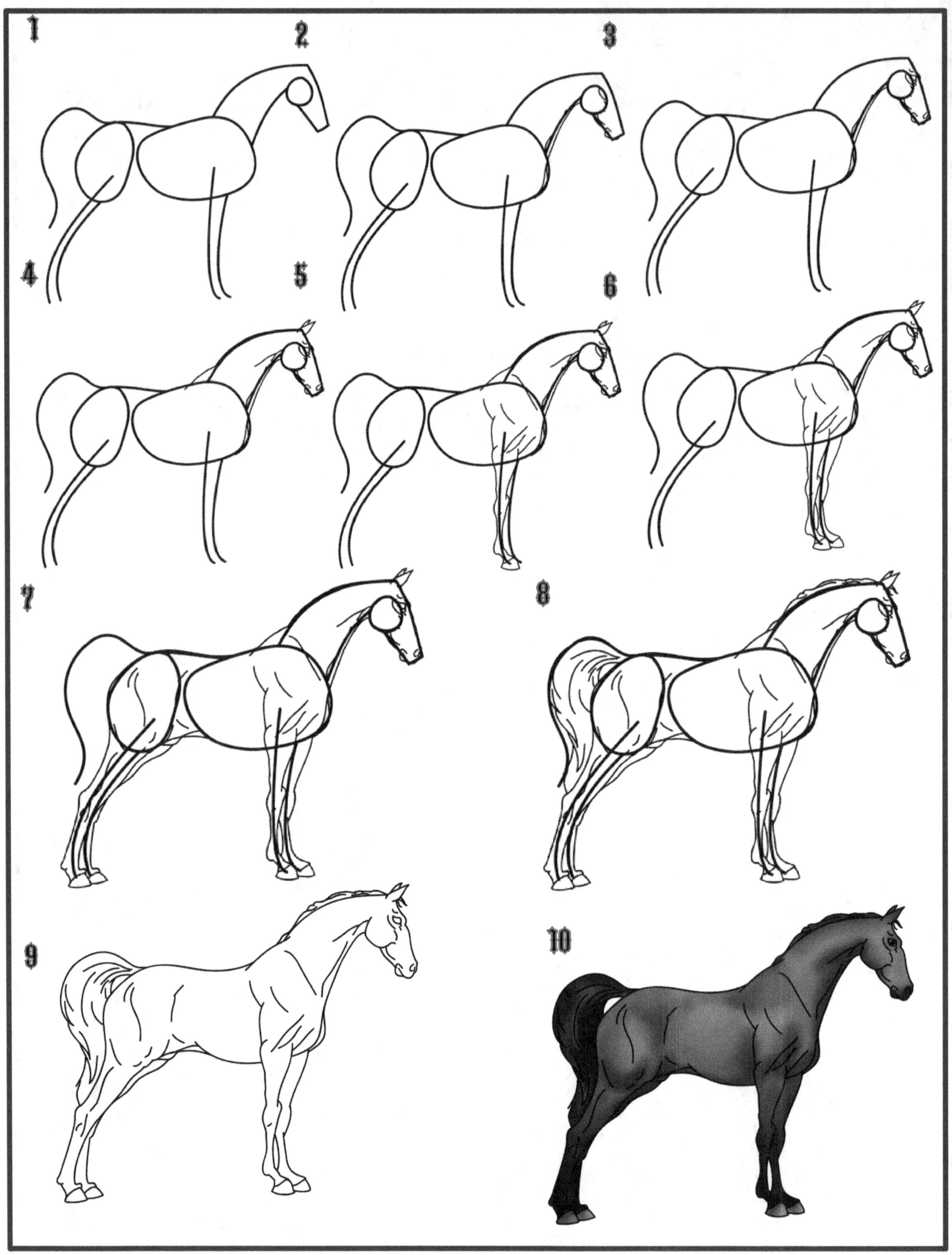
1
2
3
4
5
6
7
8
9
10

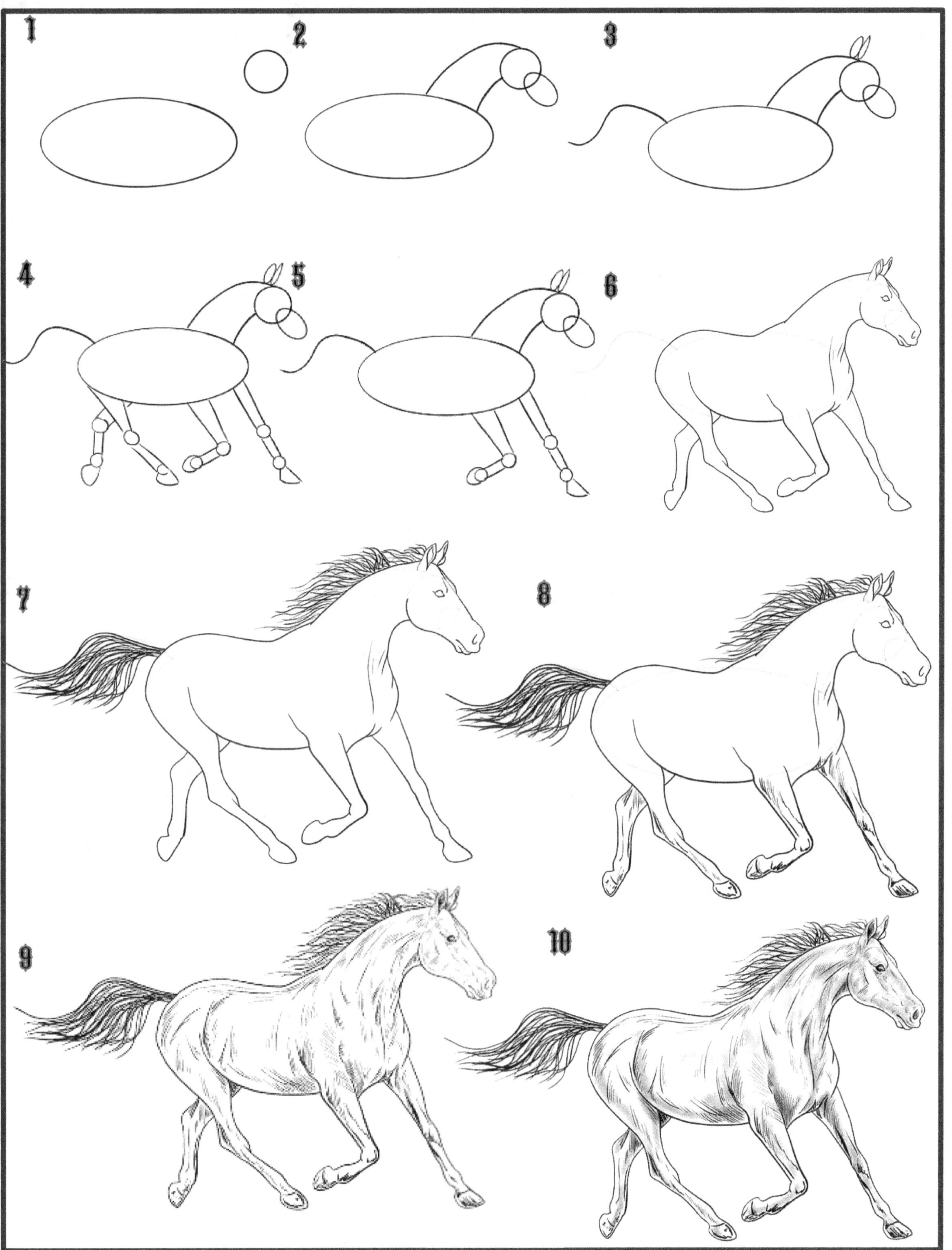
1
2
3
4
5
6
7
8
9
10

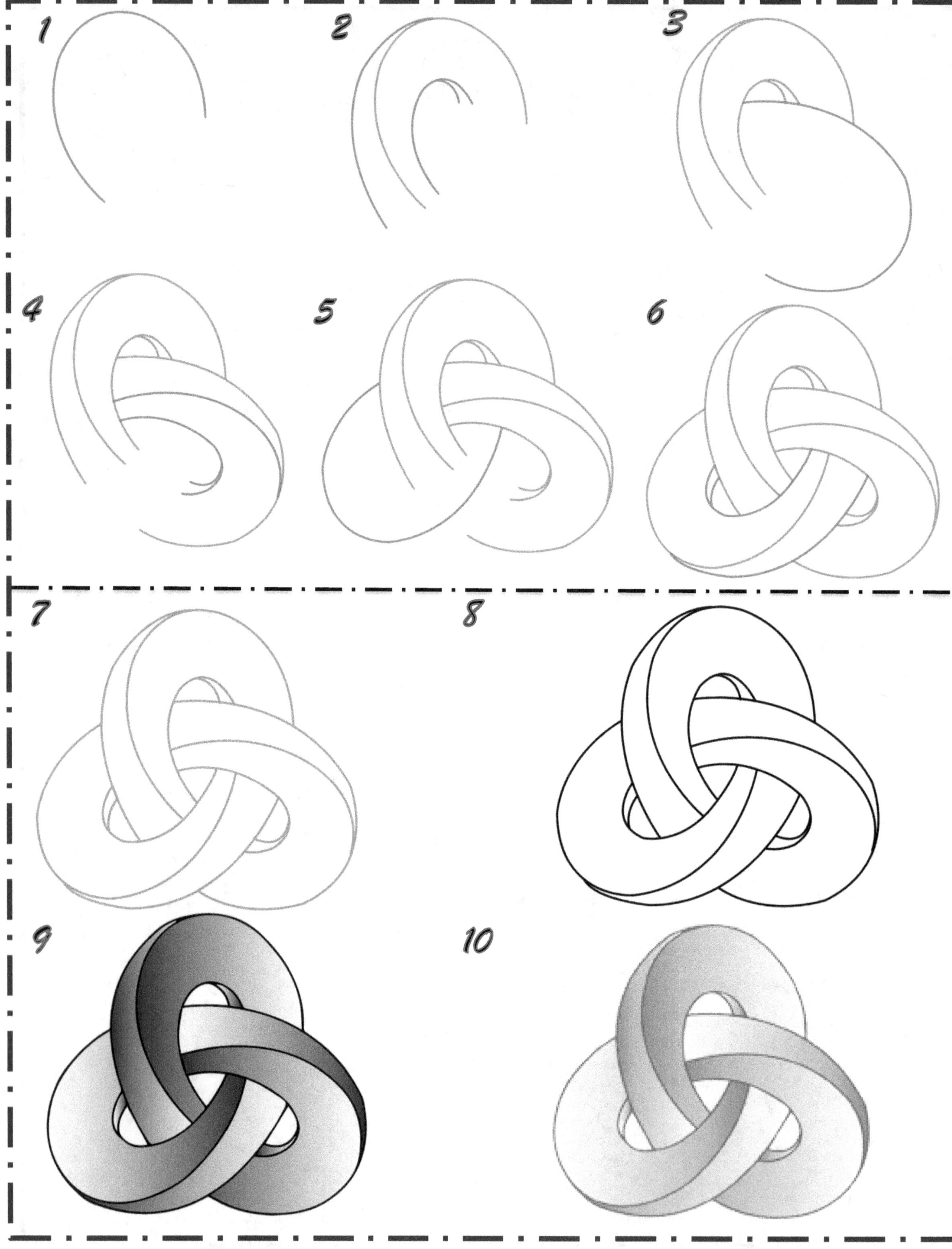
1
2
3
4
5
6
7
8
9
10

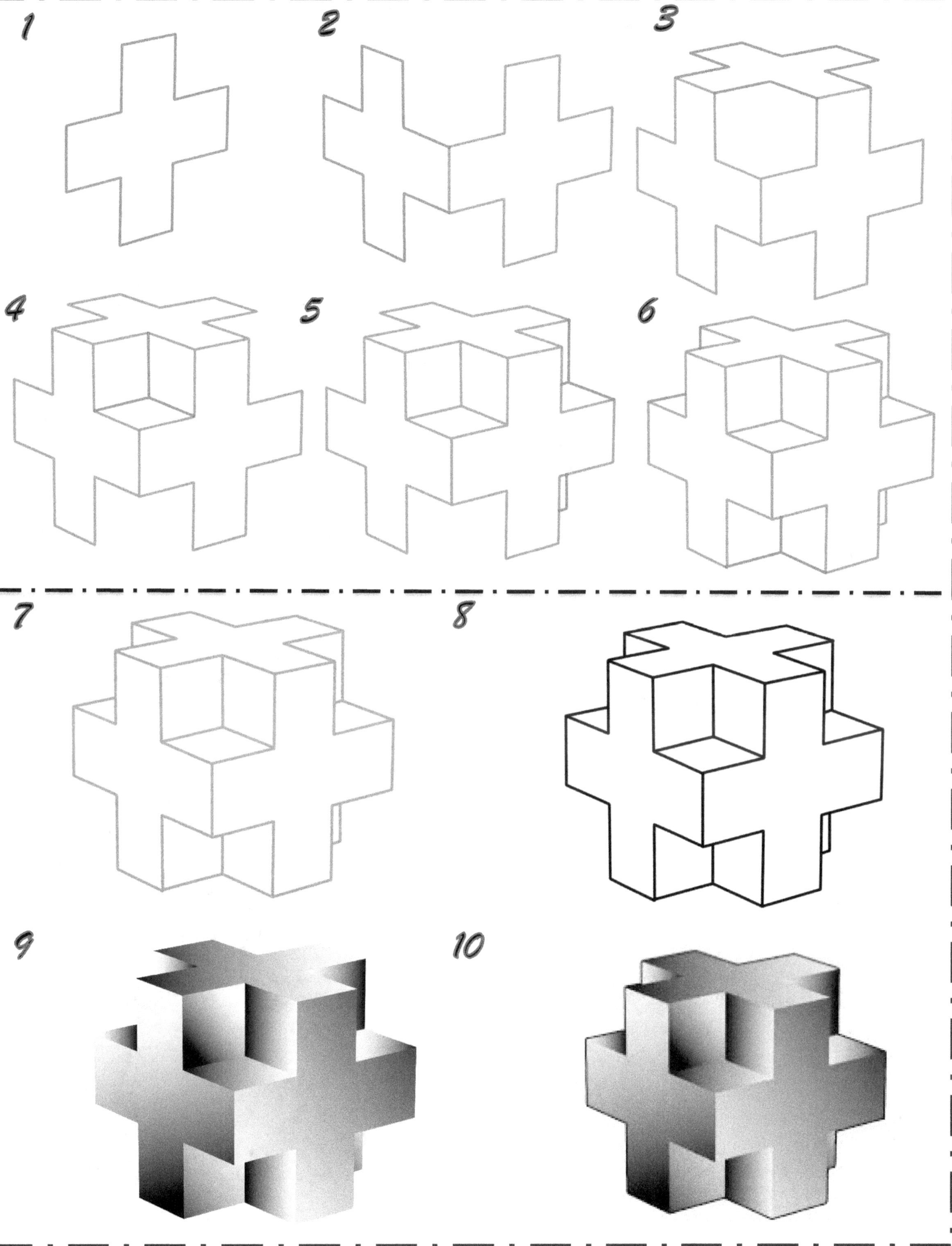
1
2
3
4
5
6
7
8
9
10

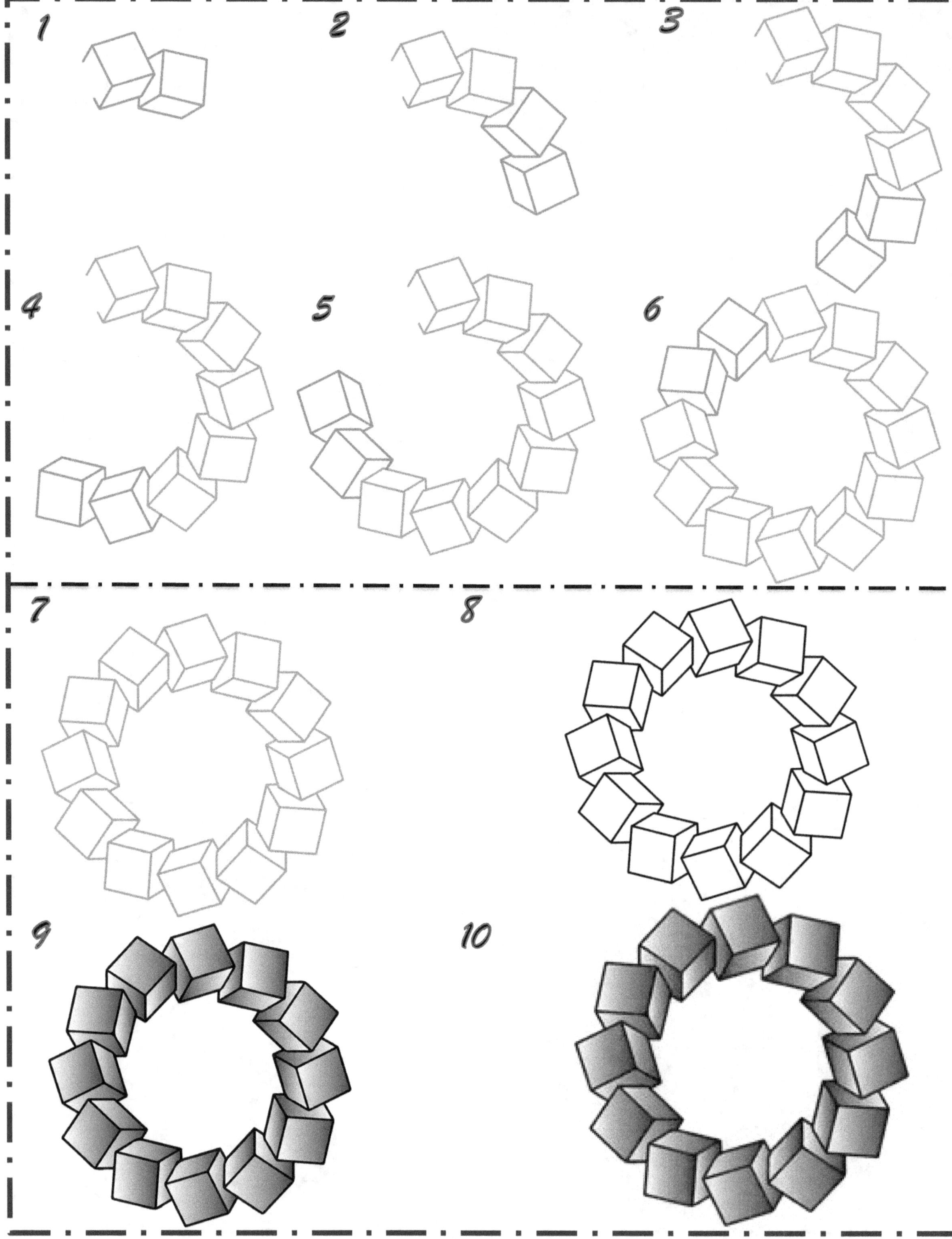
1
2
3
4
5
6
7
8
9
10

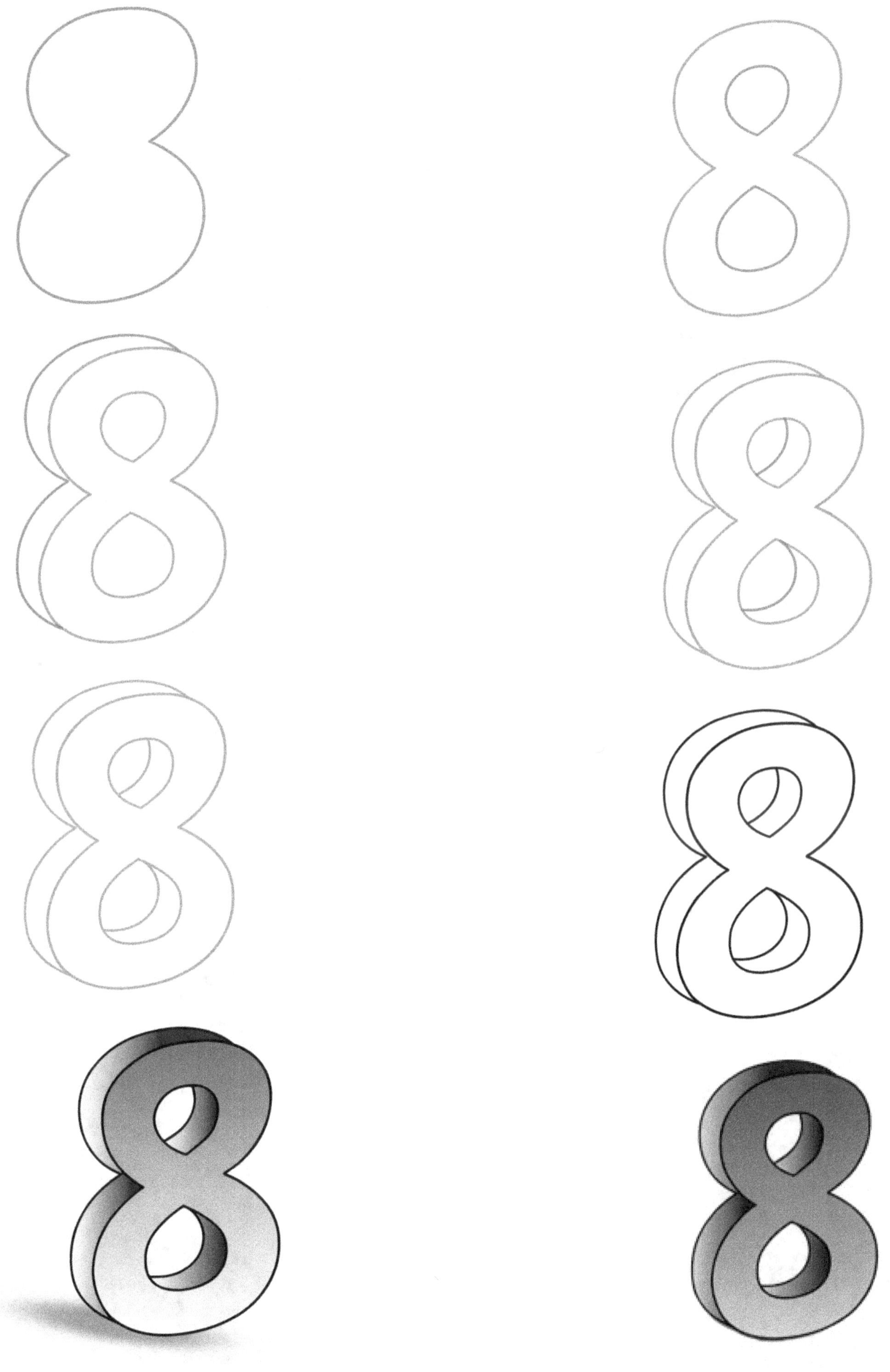

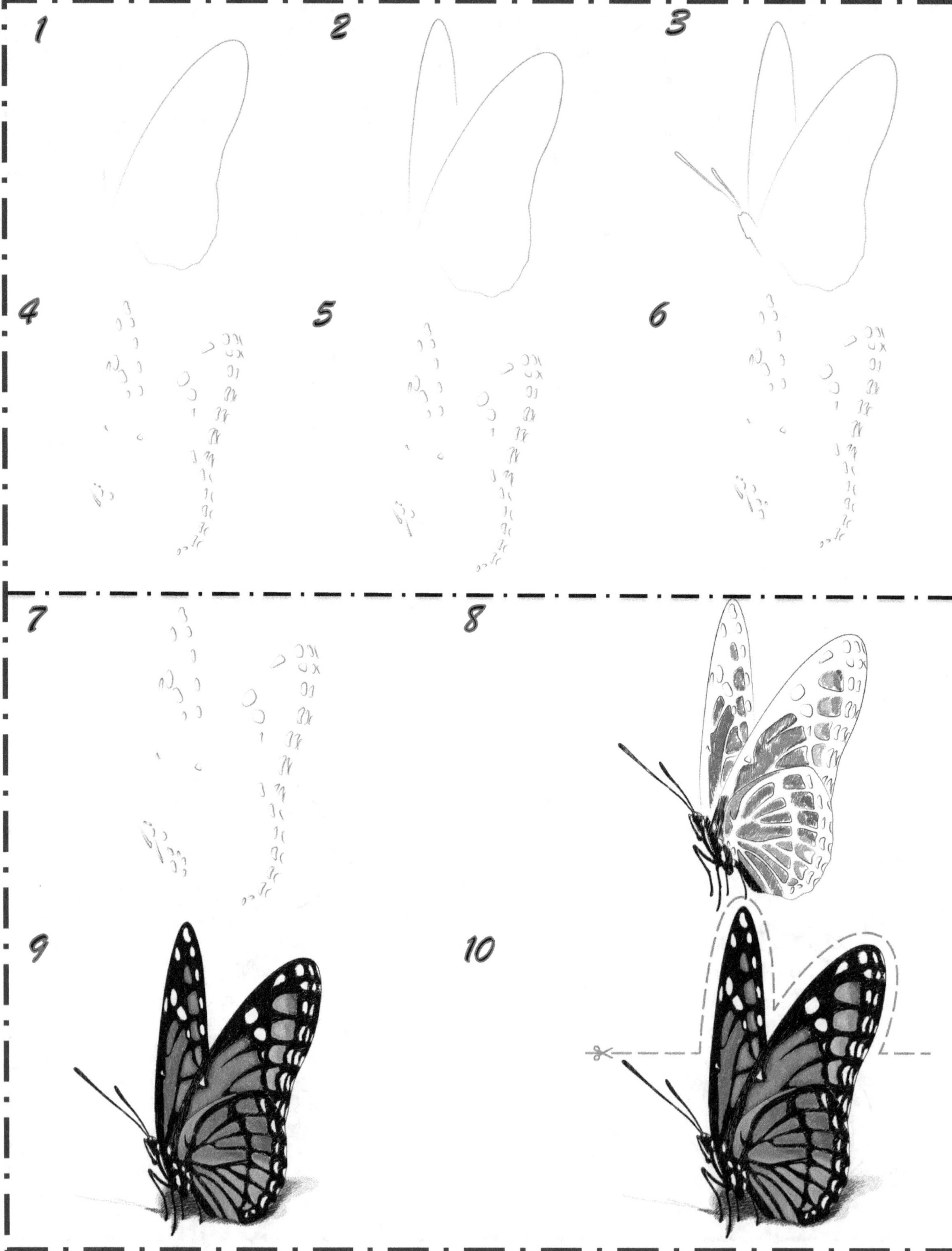
1
2
3
4
5
6
7
8
9
10

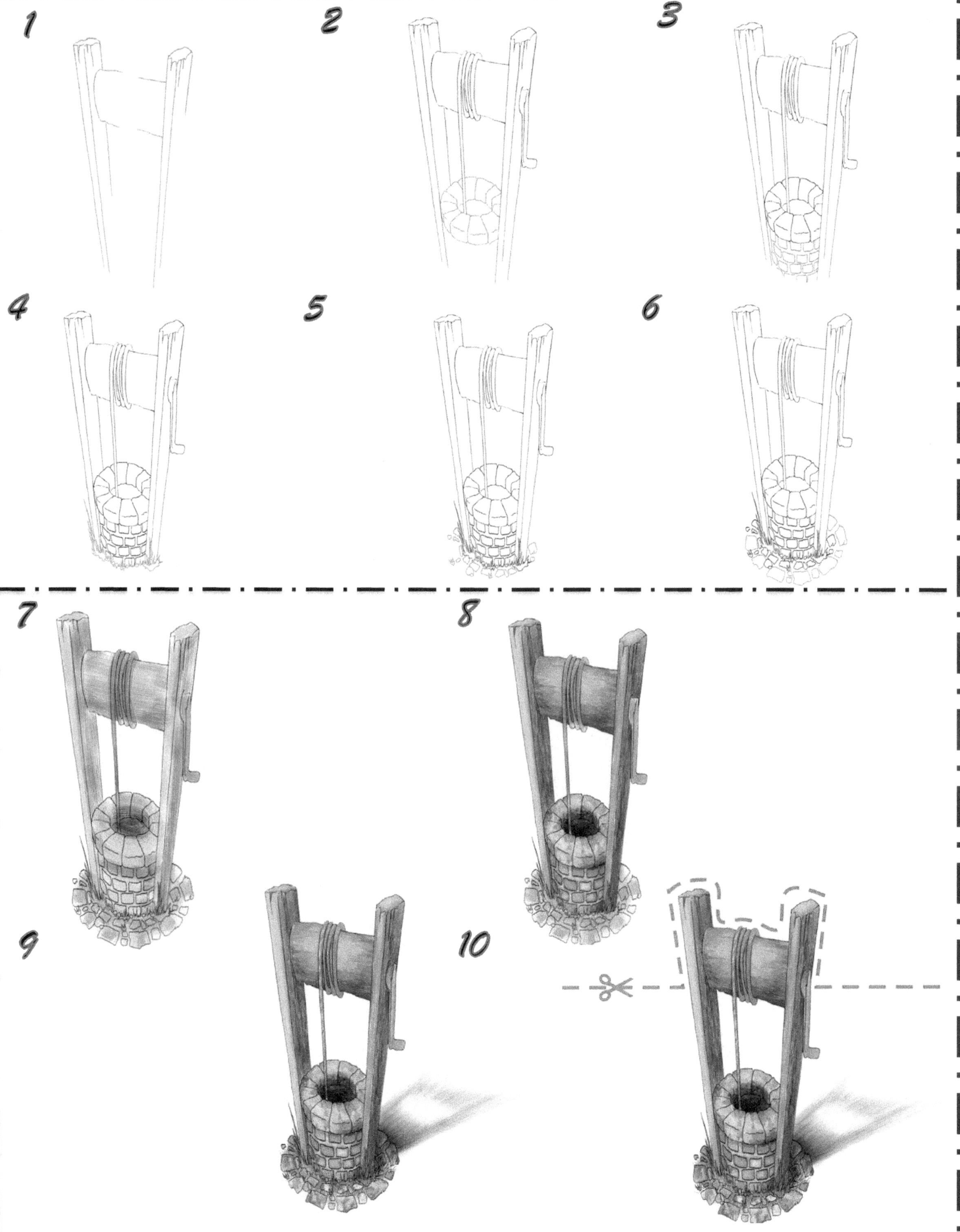
1
2
3
4
5
6
7
8
9
10

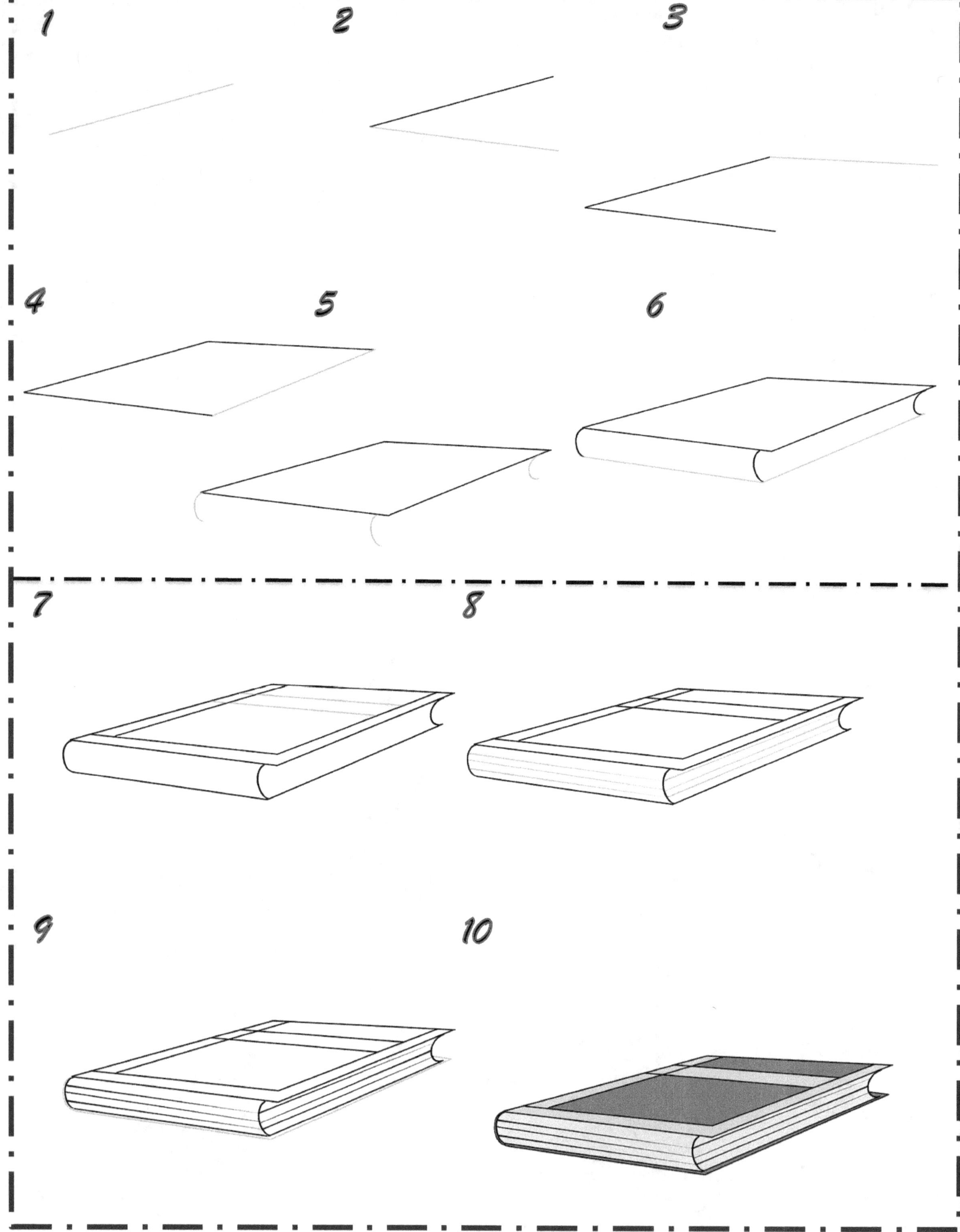
1
2
3
4
5
6
7
8
9
10

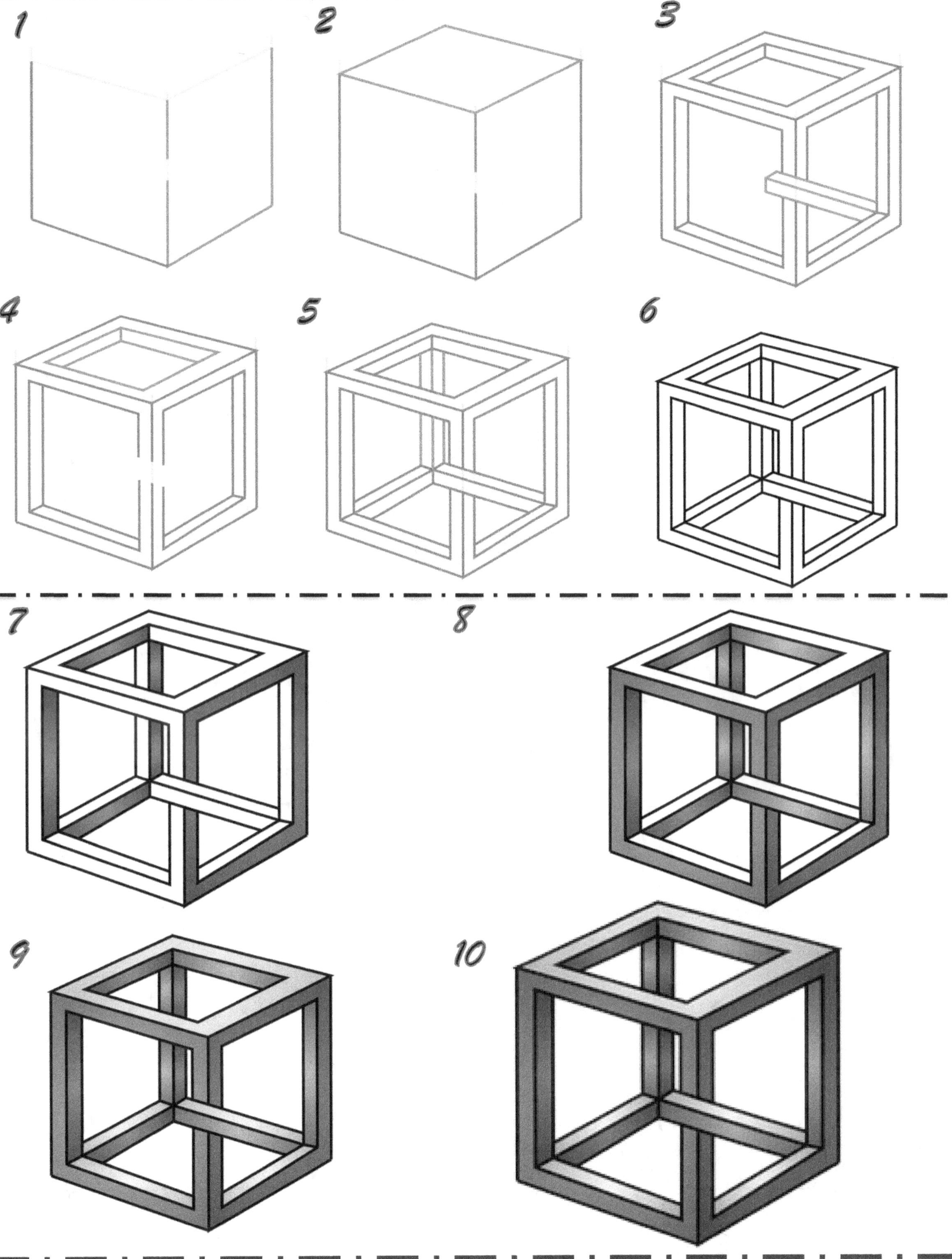
1
2
3
4
5
6
7
8
9
10

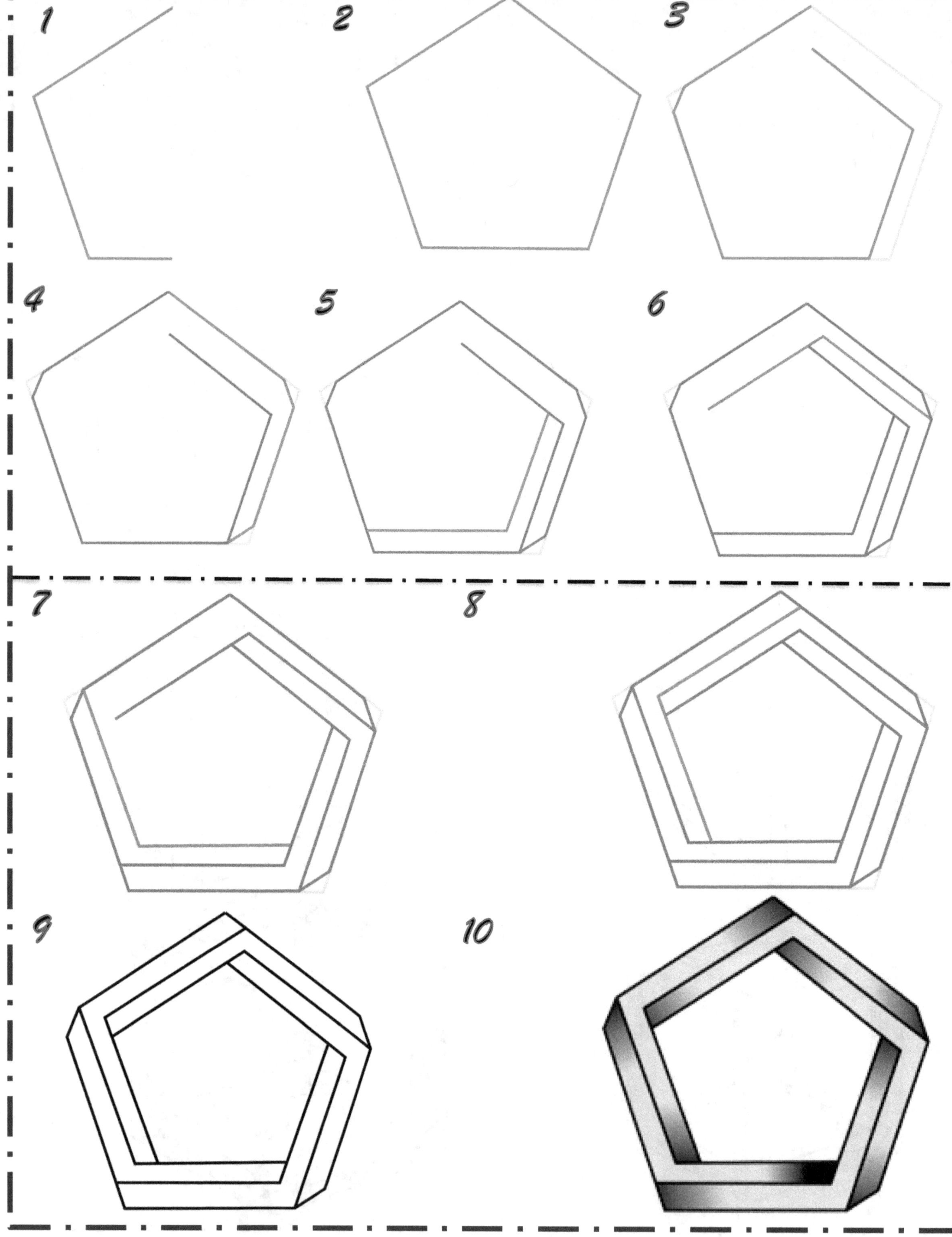
1
2
3
4
5
6
7
8
9
10

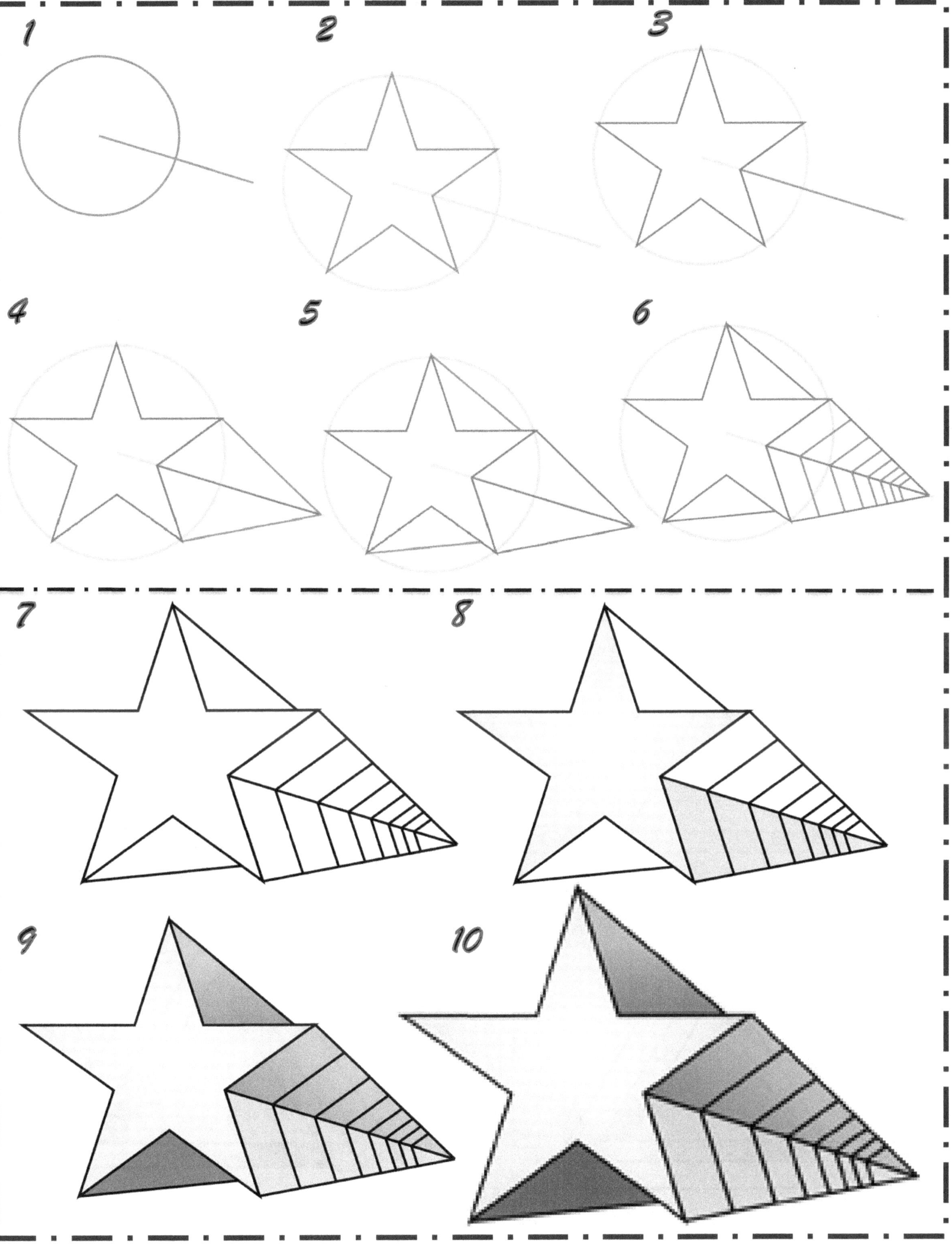
1
2
3
4
5
6
7
8
9
10

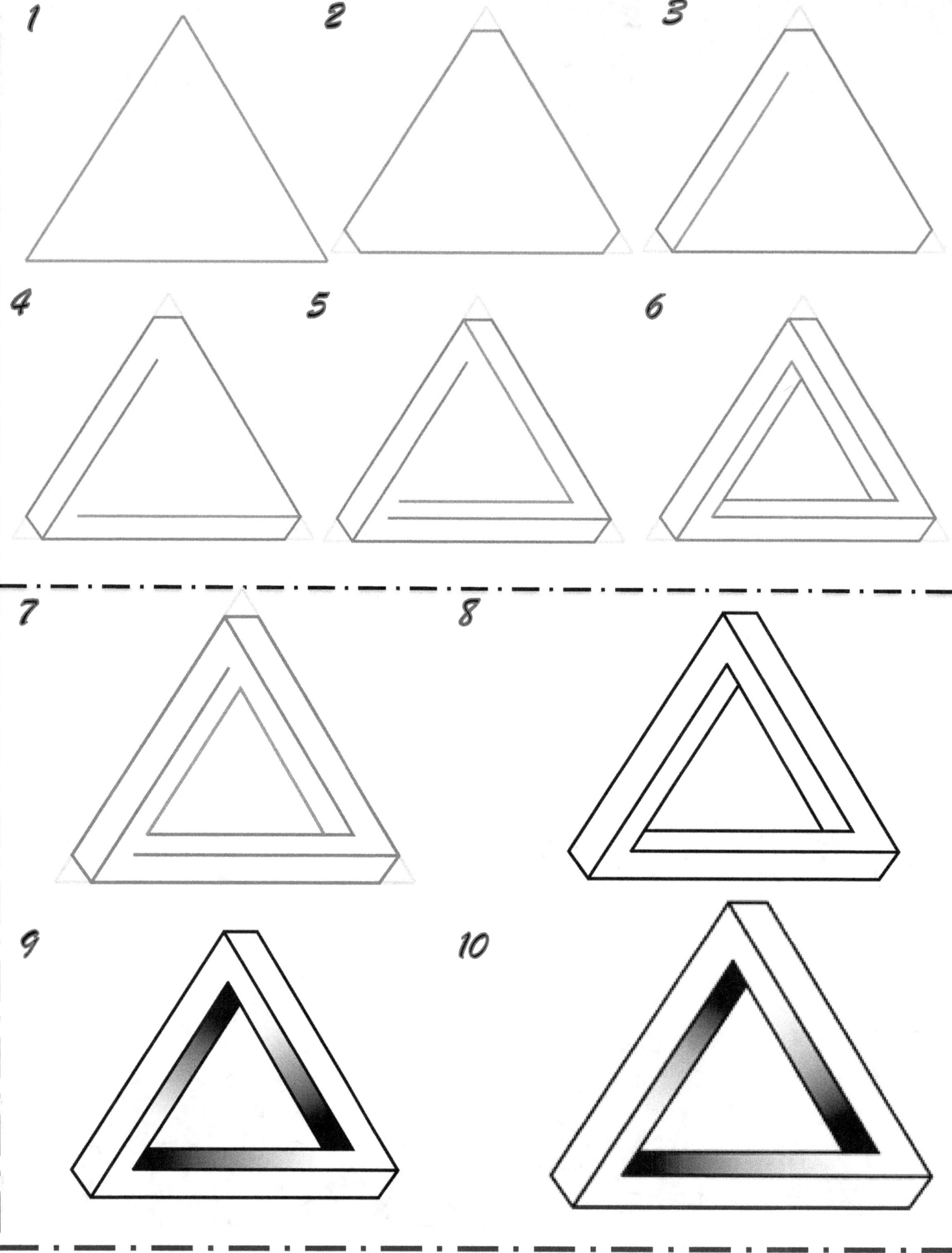
1
2
3
4
5
6
7
8
9
10

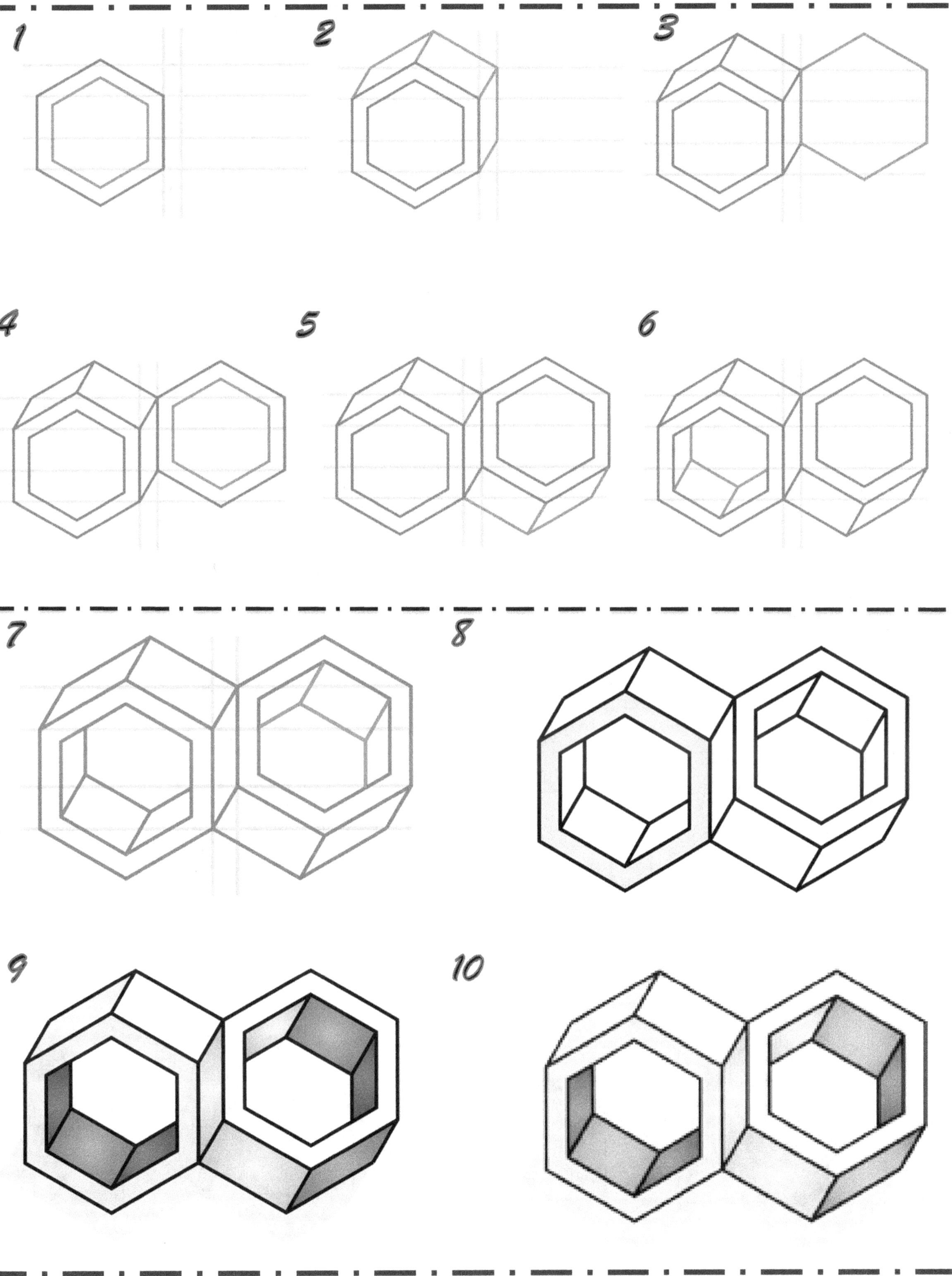
1
2
3
4
5
6
7
8
9
10

1

2

LOVE

3

LOVE

LOVE

4

LOVE

5

LOVE

6

LOVE

7

LOVE

8

LOVE

9

LOVE

10

LOVE

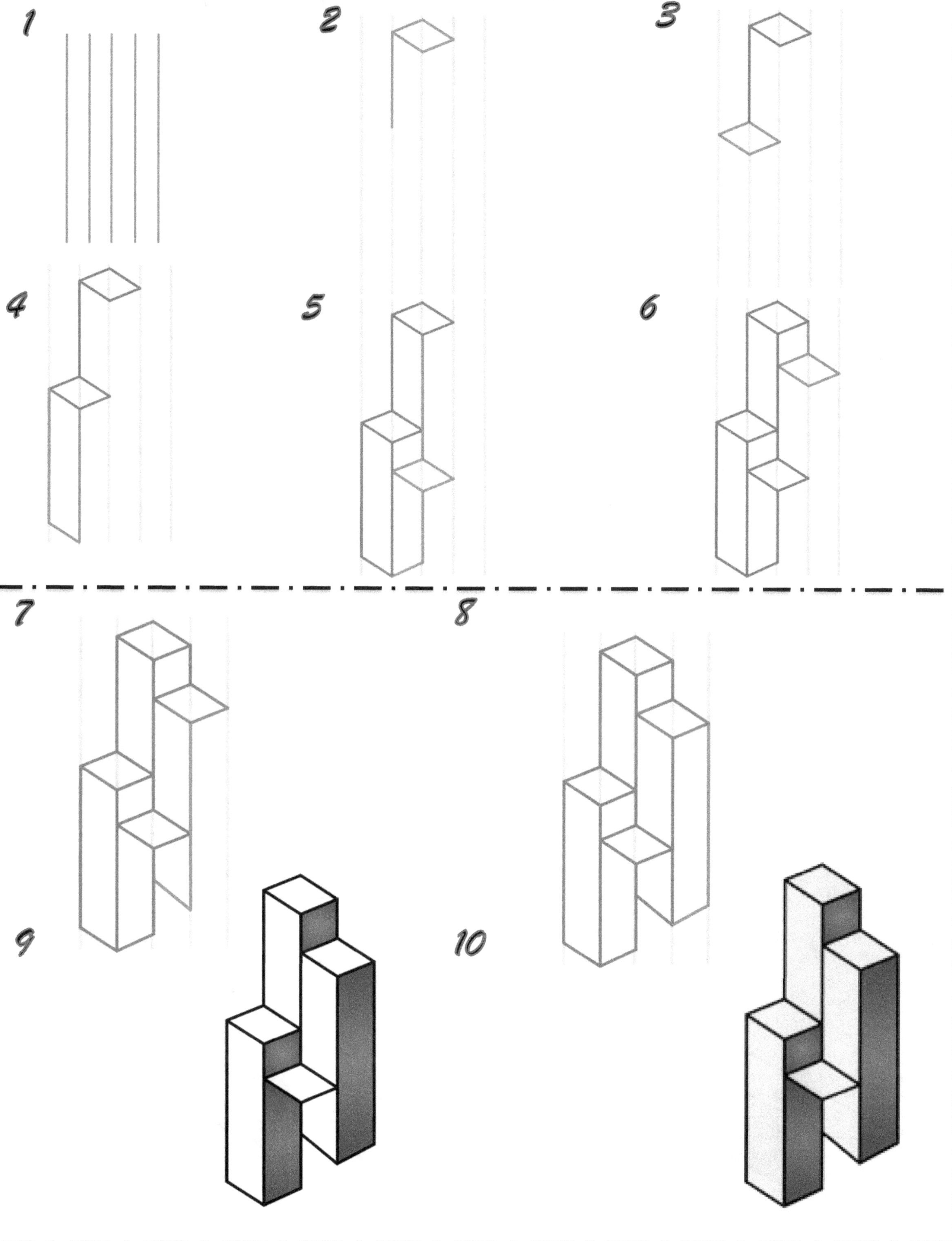
1
2
3
4
5
6
7
8
9
10

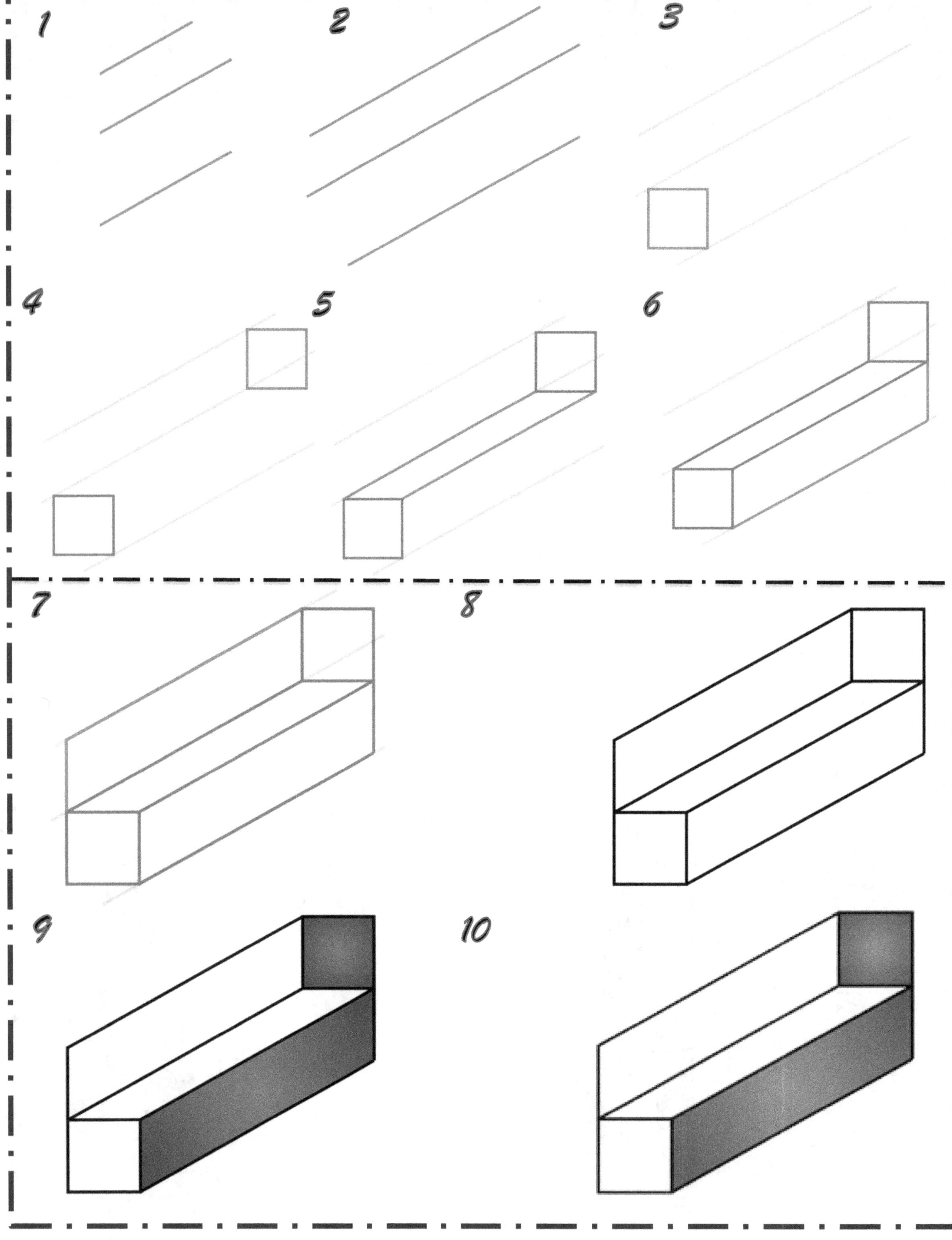
1
2
3
4
5
6
7
8
9
10

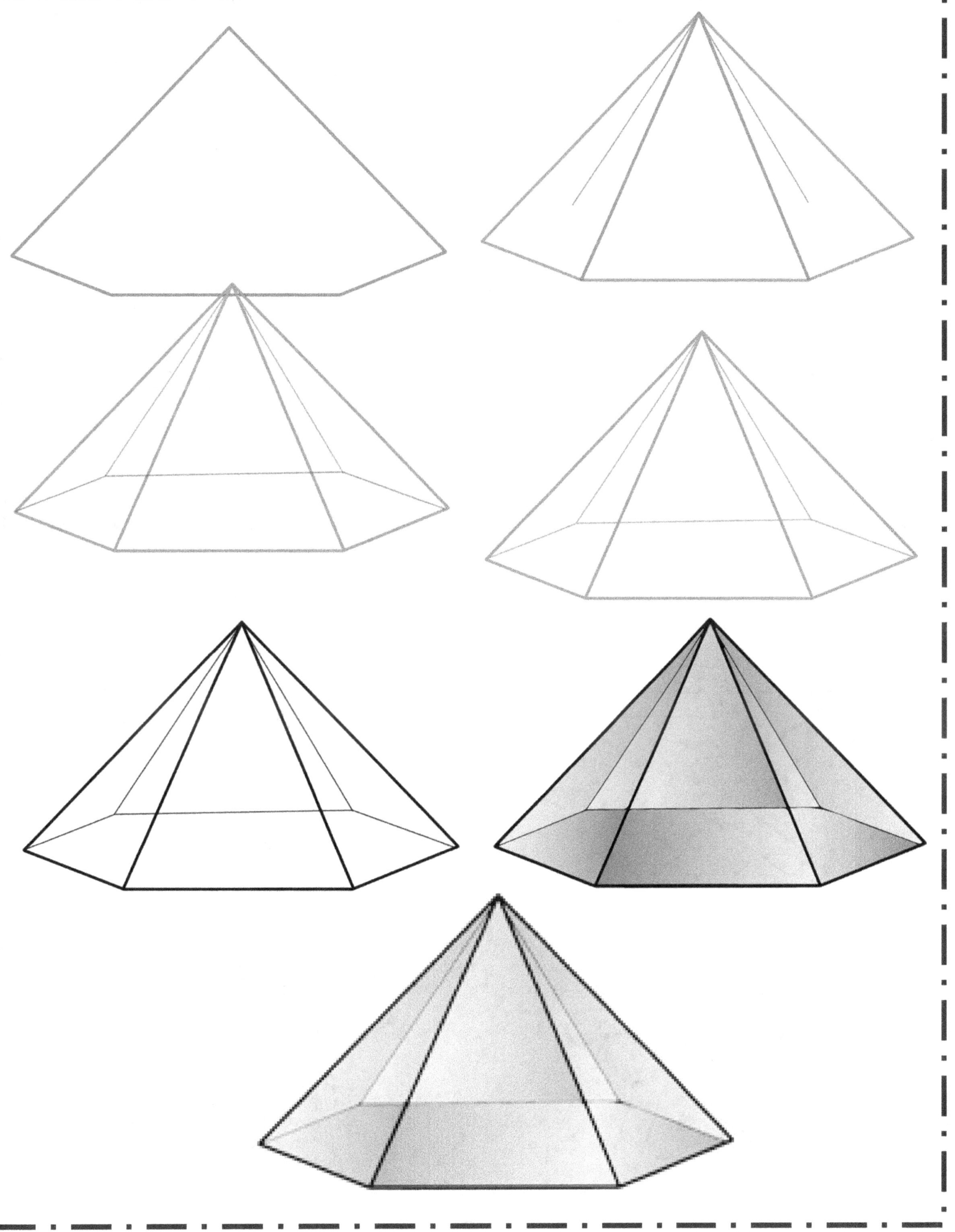

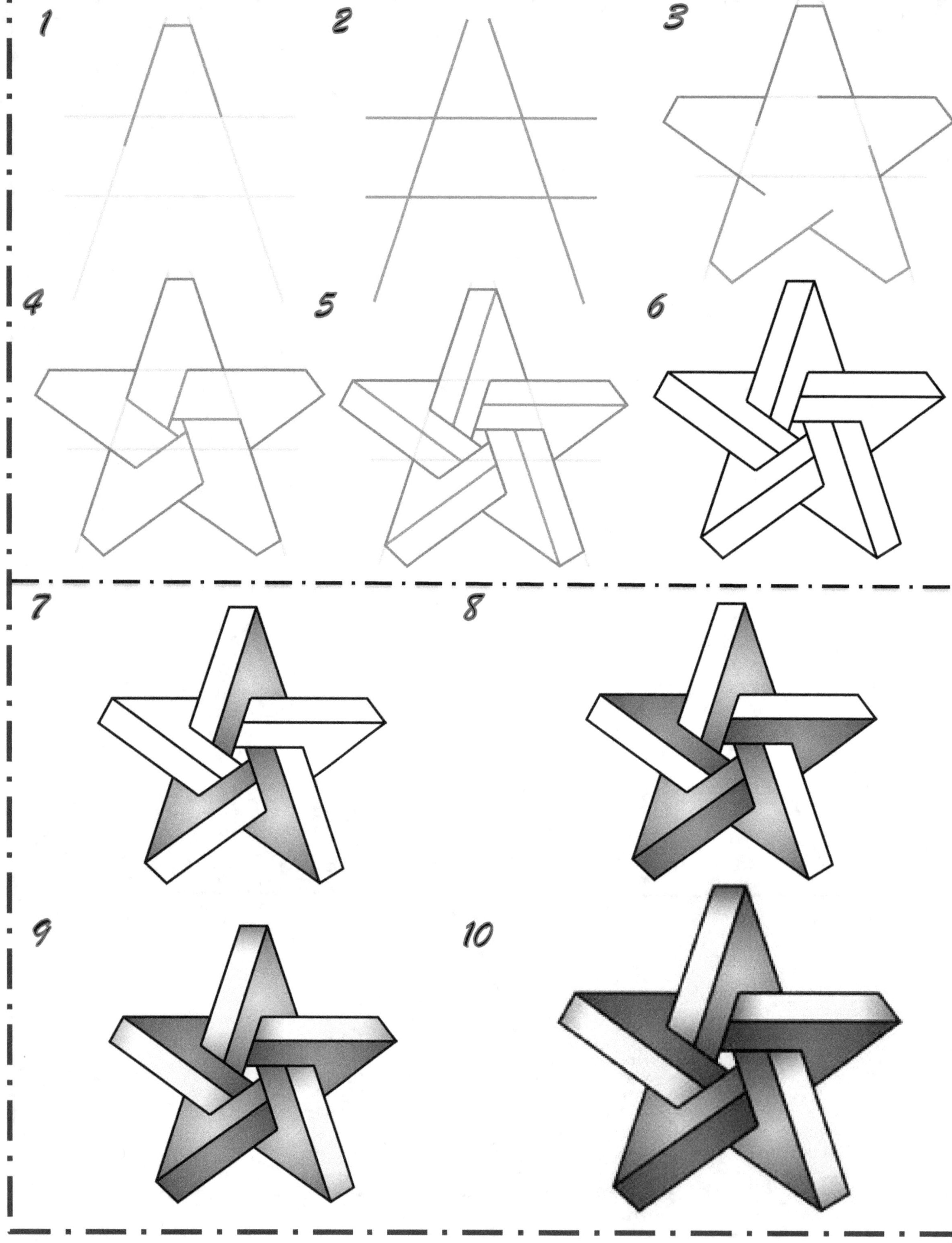
1
2
3
4
5
6
7
8
9
10

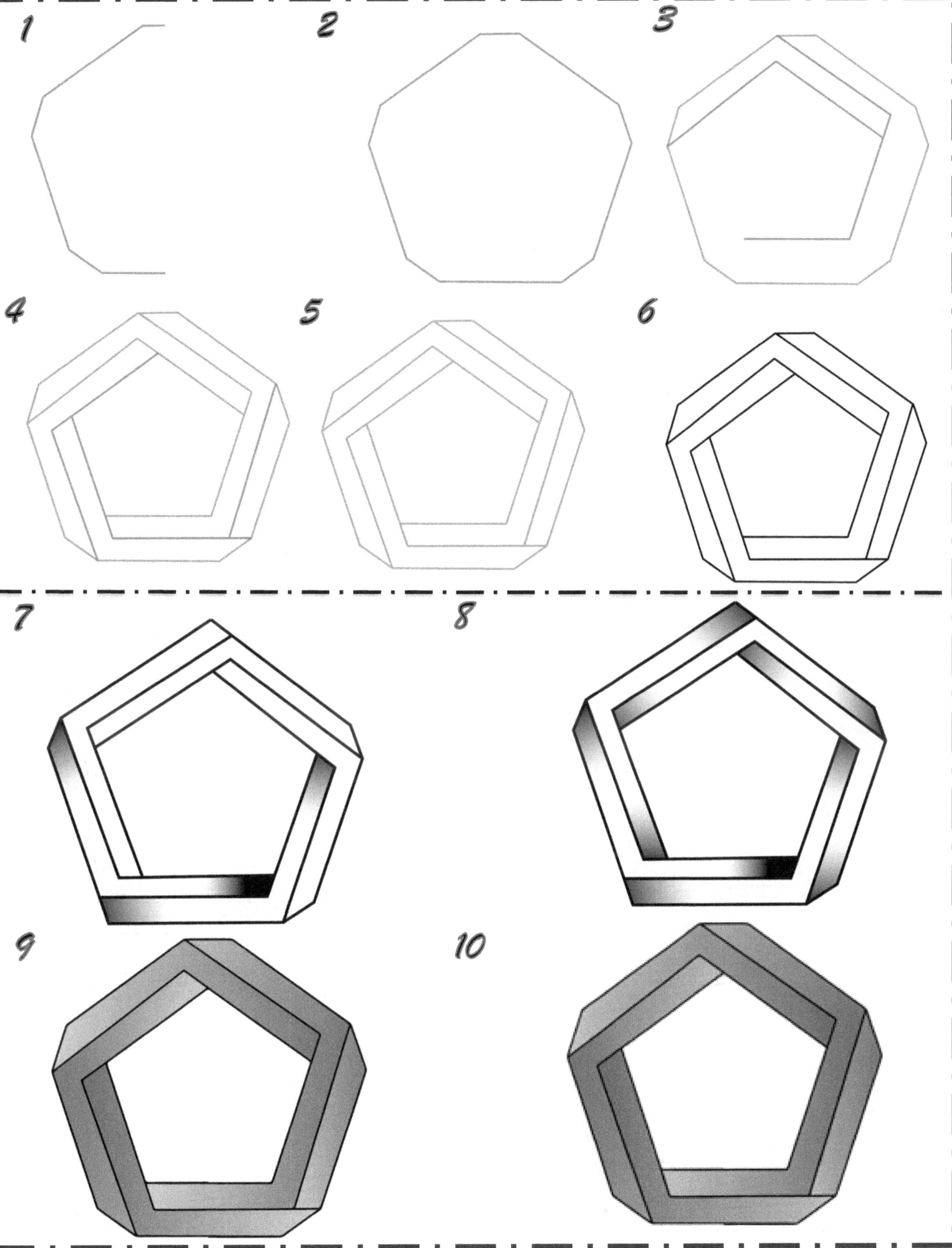
1
2
3
4
5
6
7
8
9
10

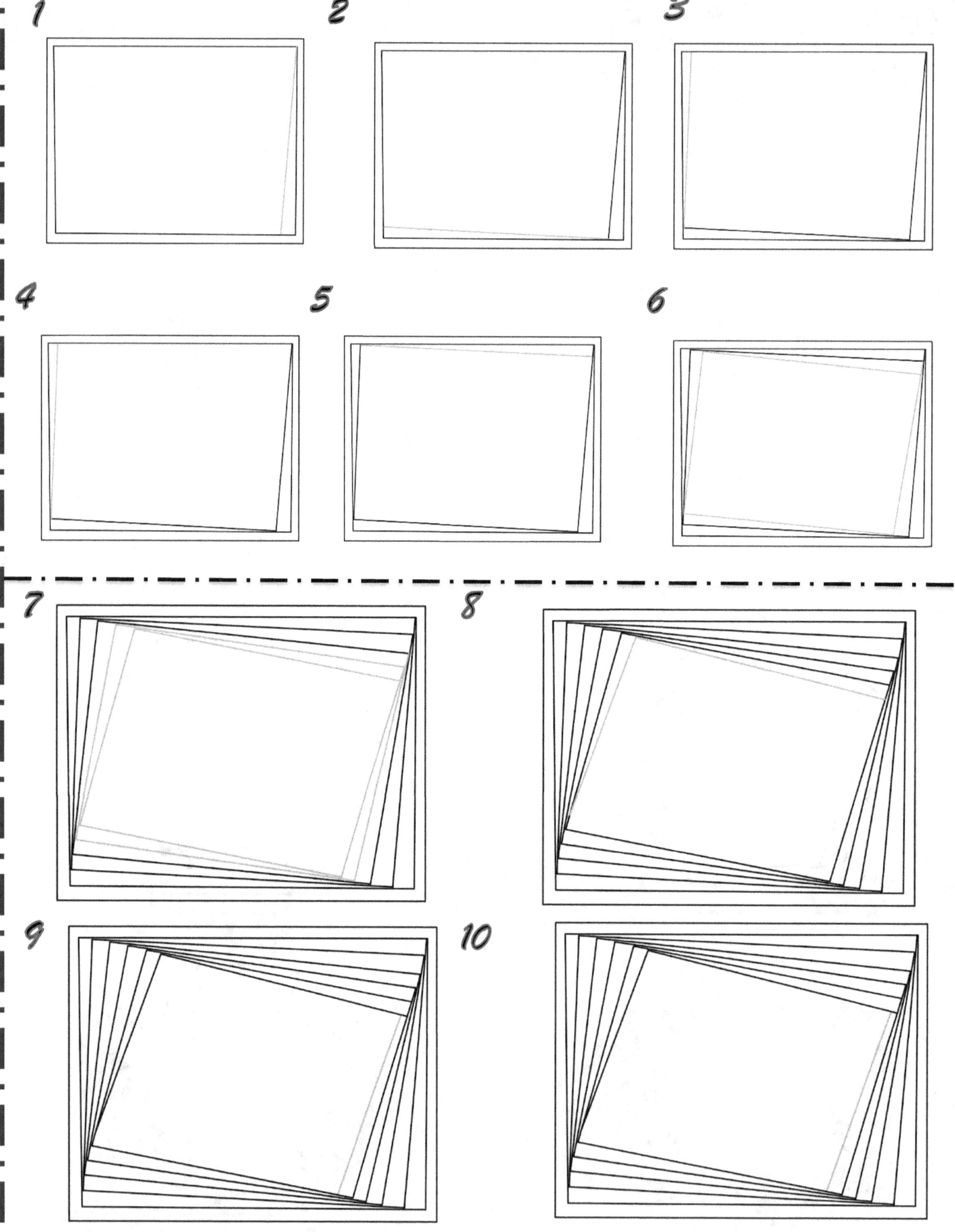
1
2
3
4
5
6
7
8
9
10

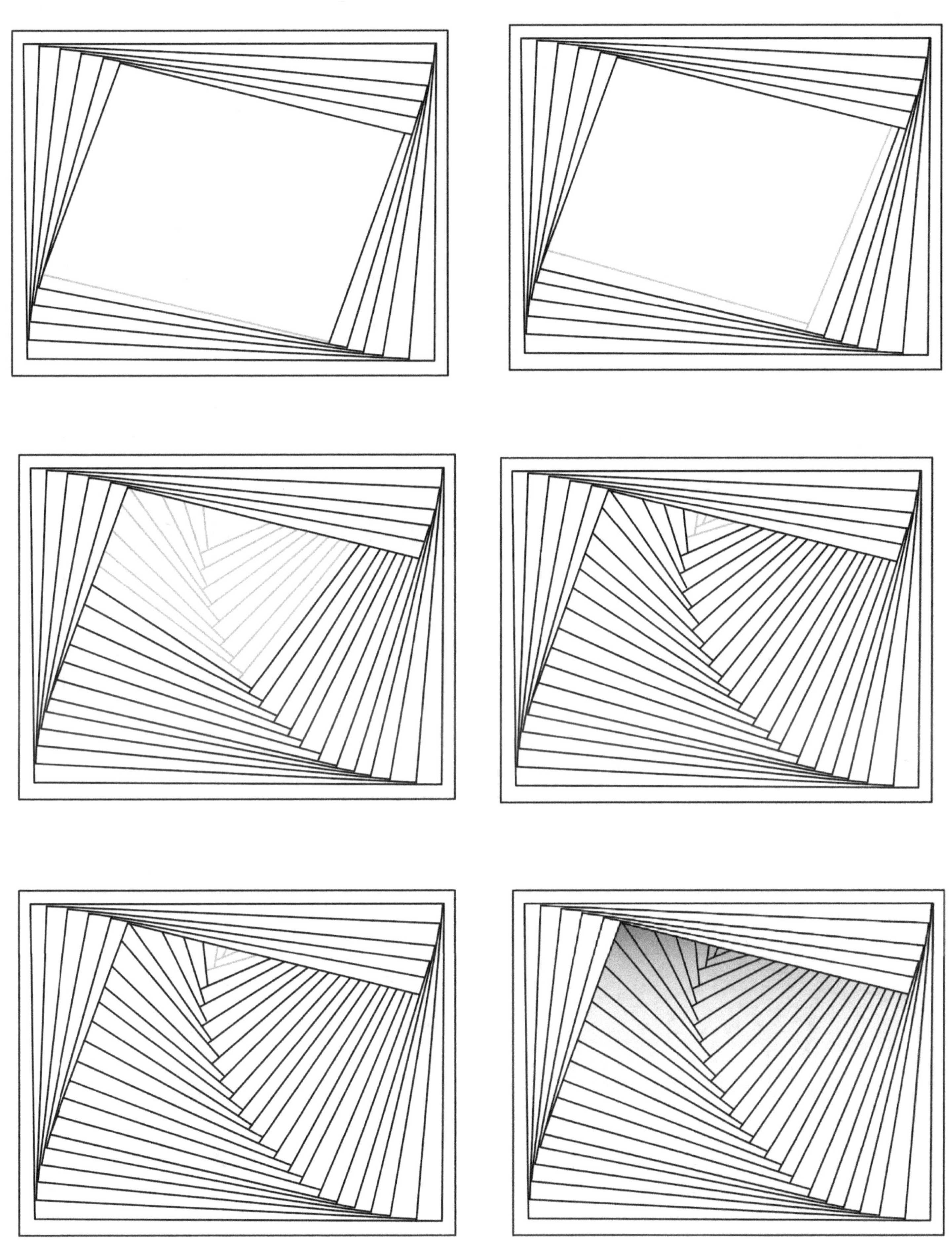

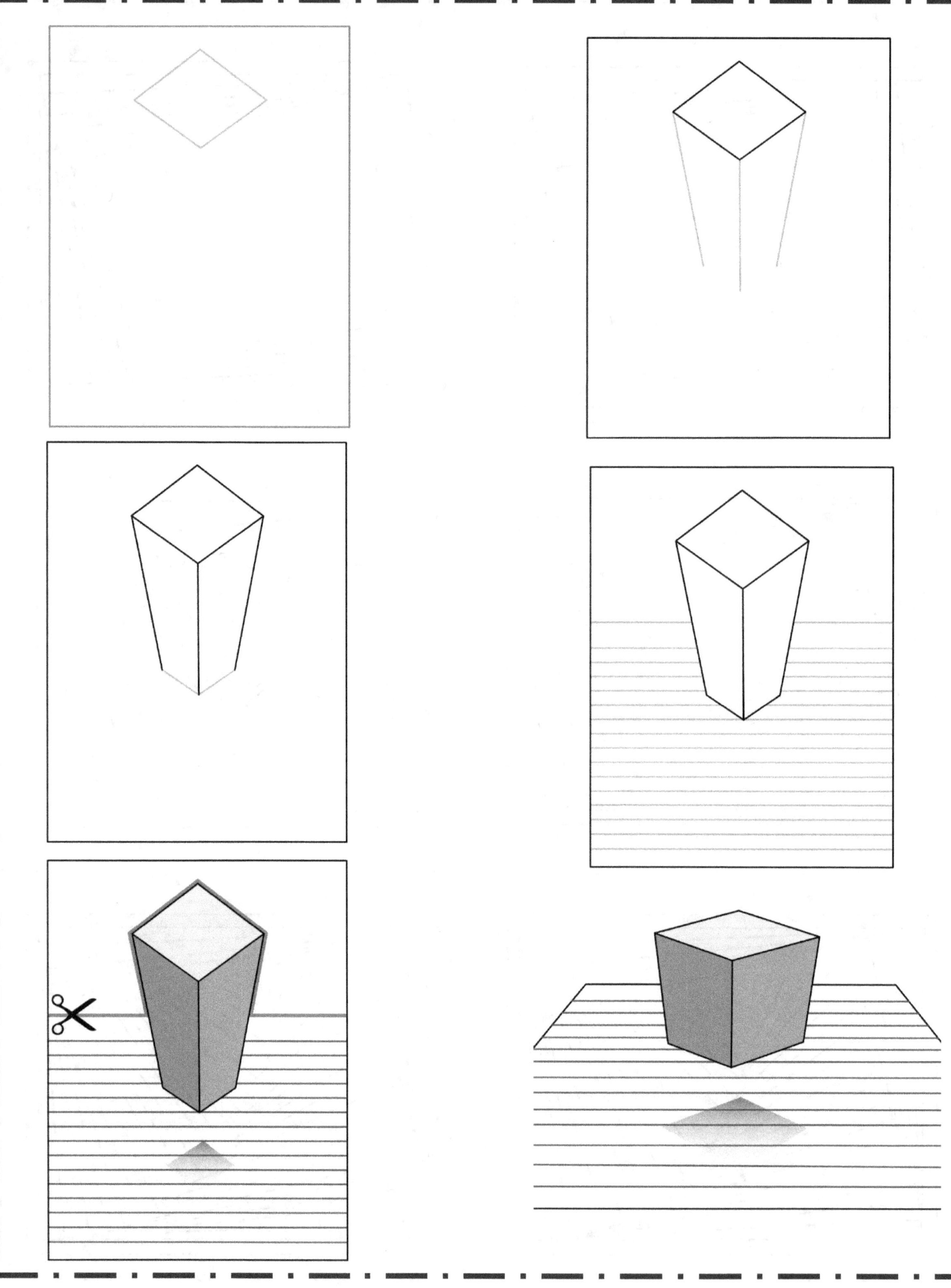

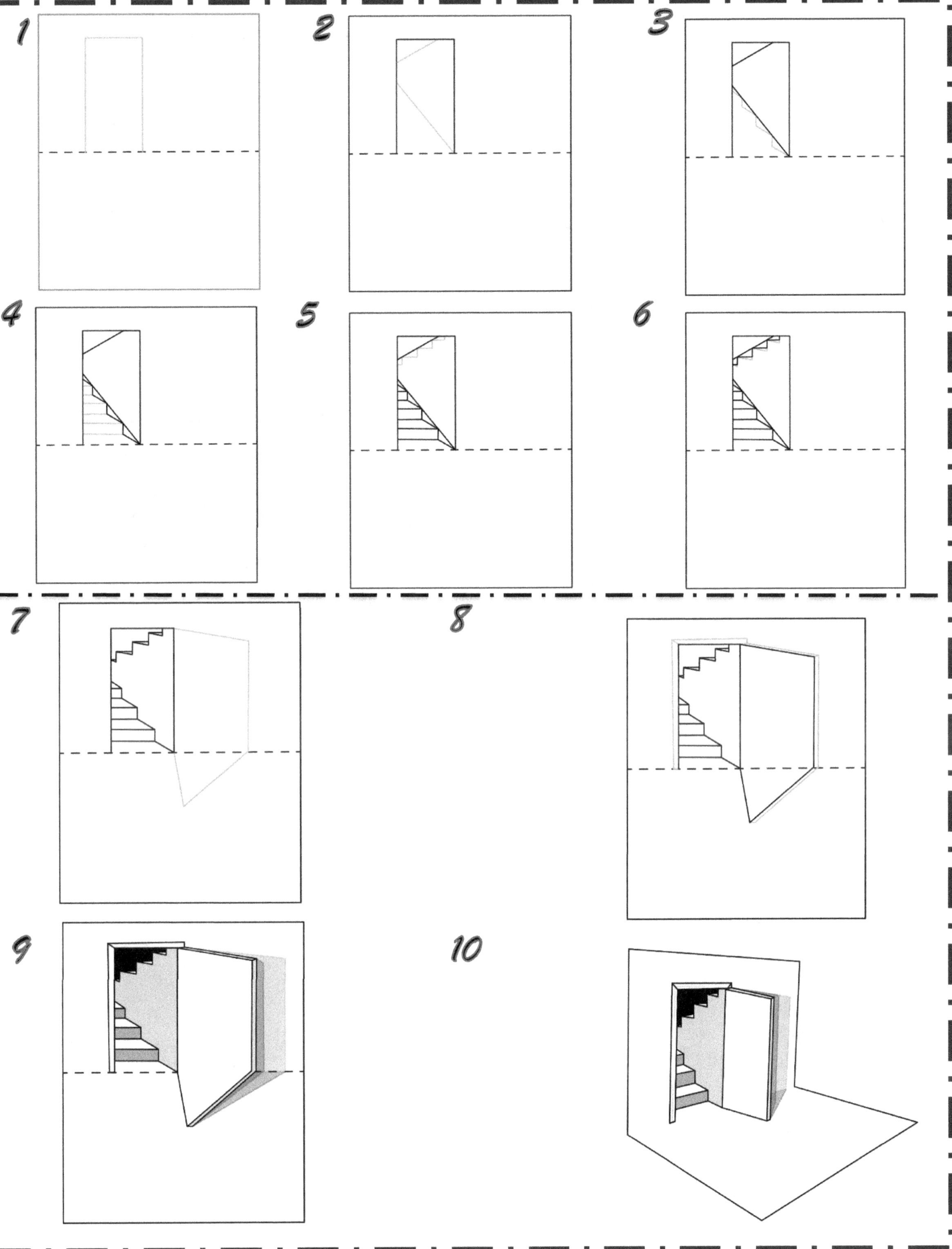

1
2
3
4
5
6
7
8
9
10

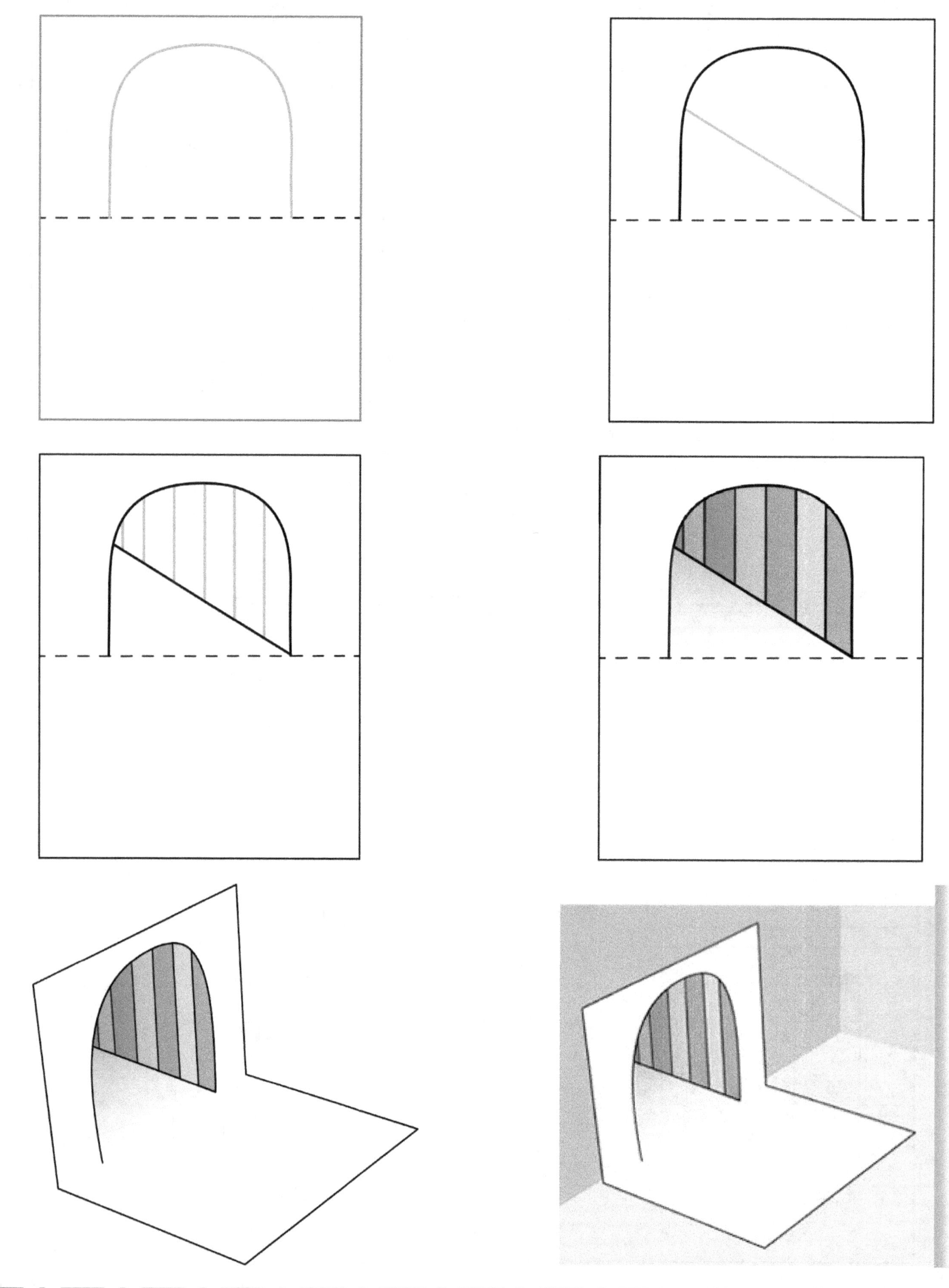

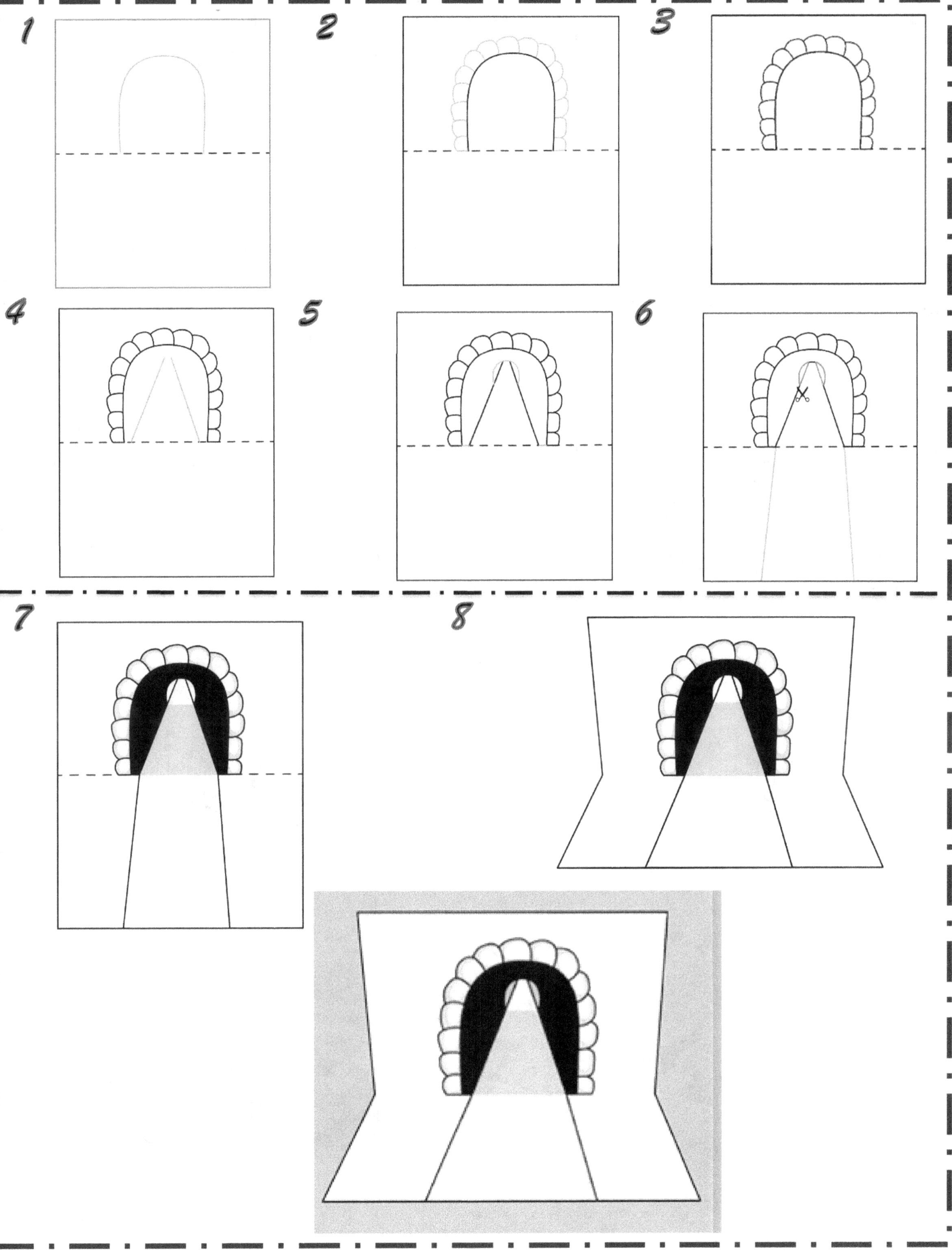

1
2
3
4
5
6
7
8

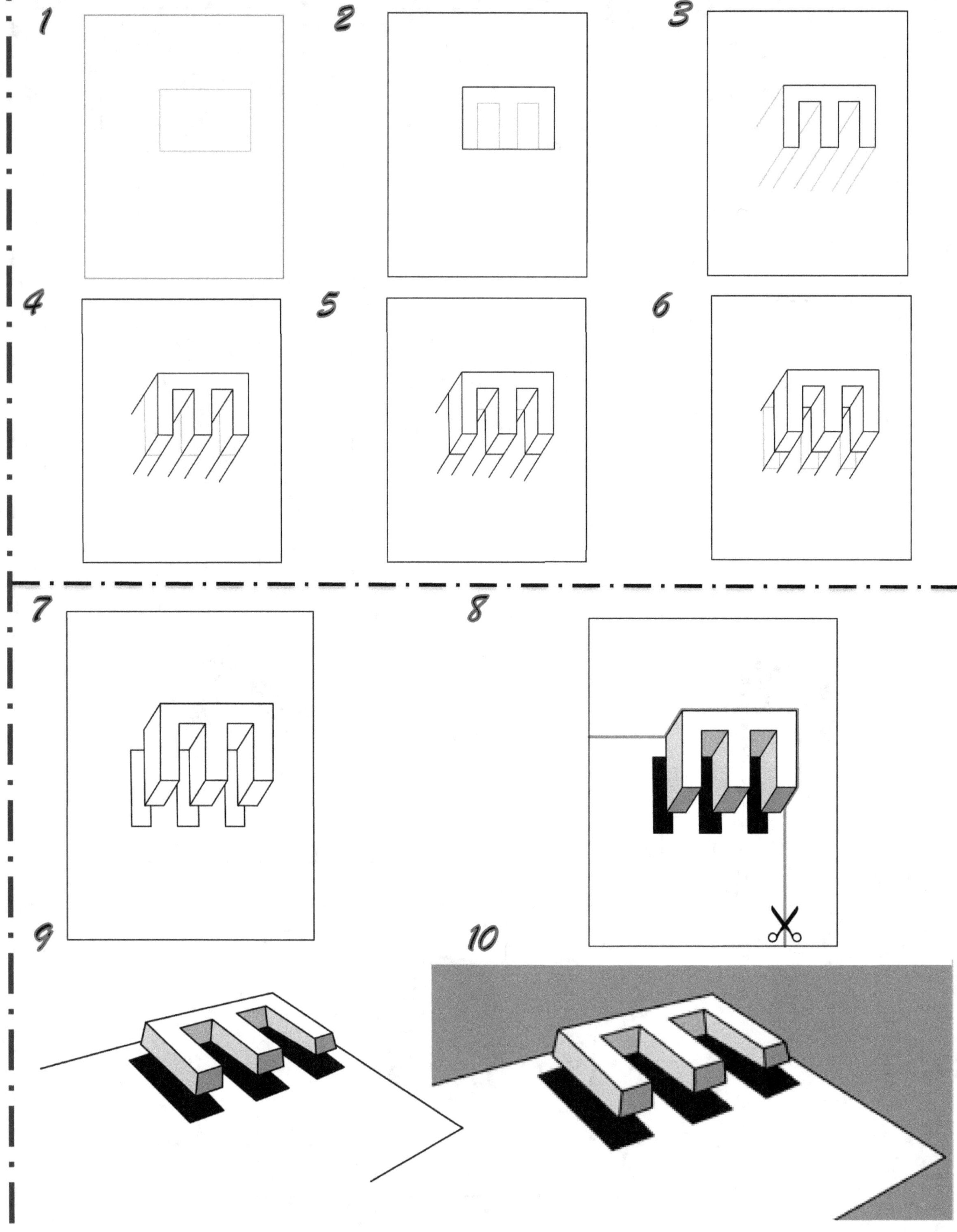
1
2
3
4
5
6
7
8
9
10

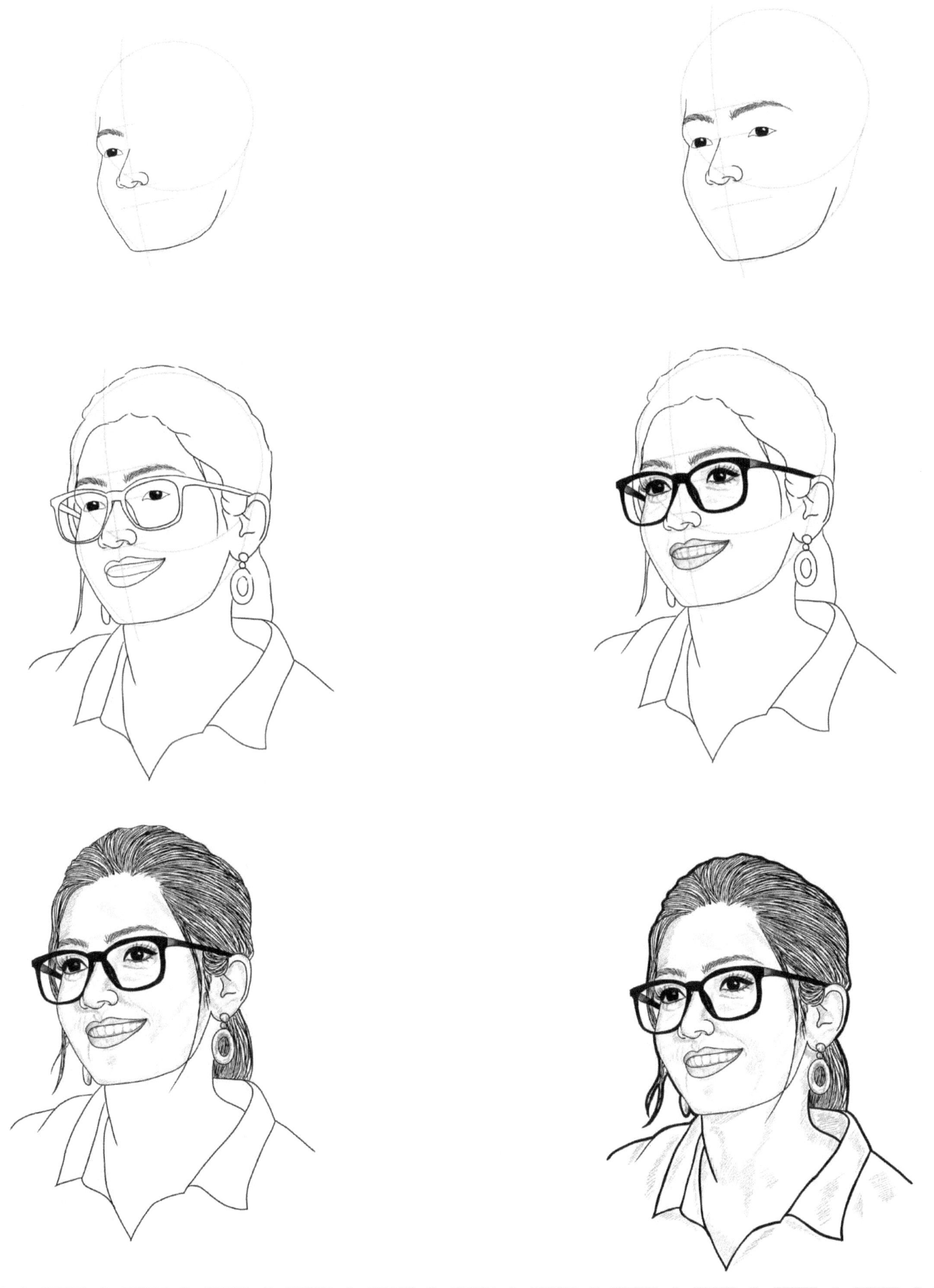

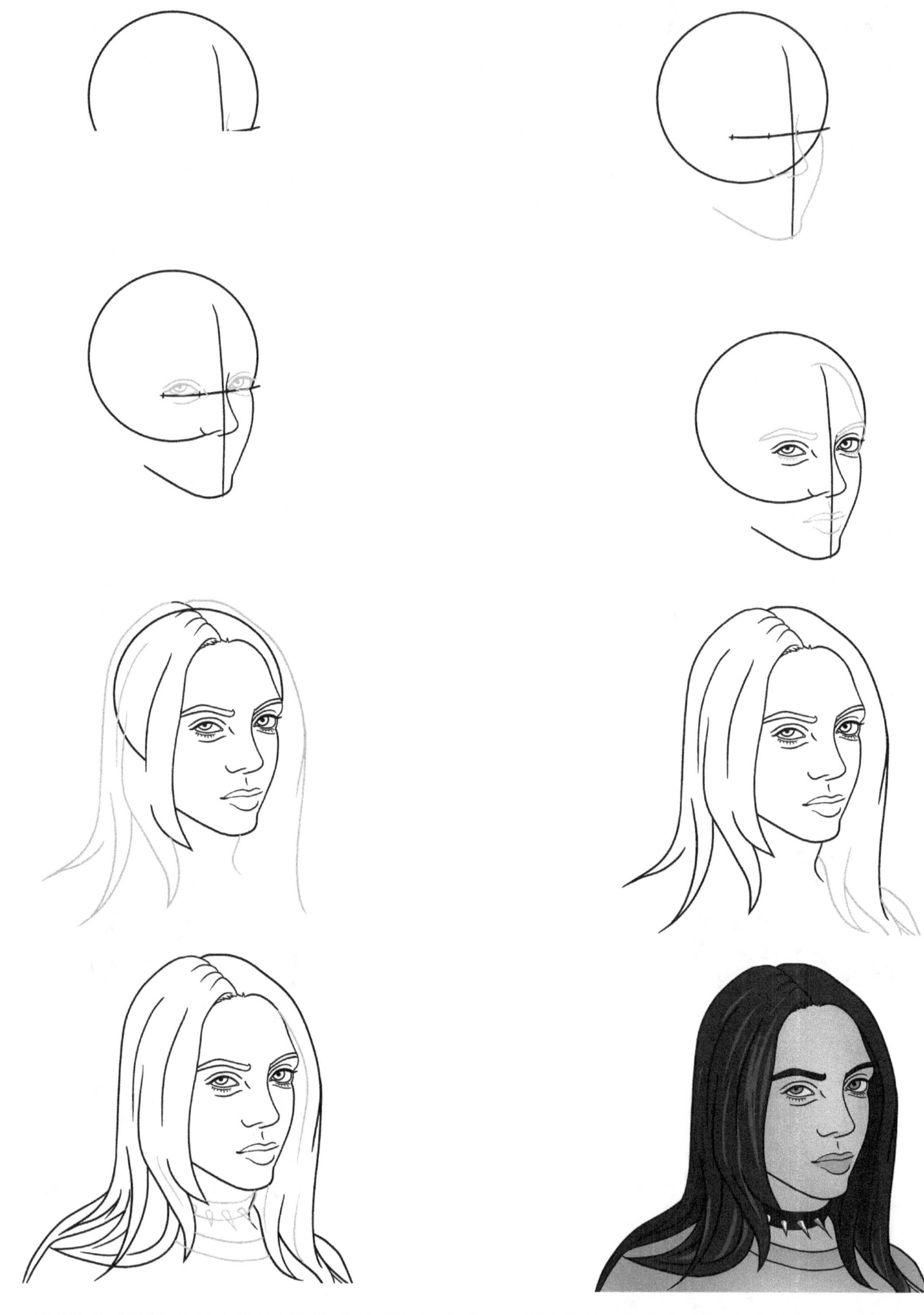

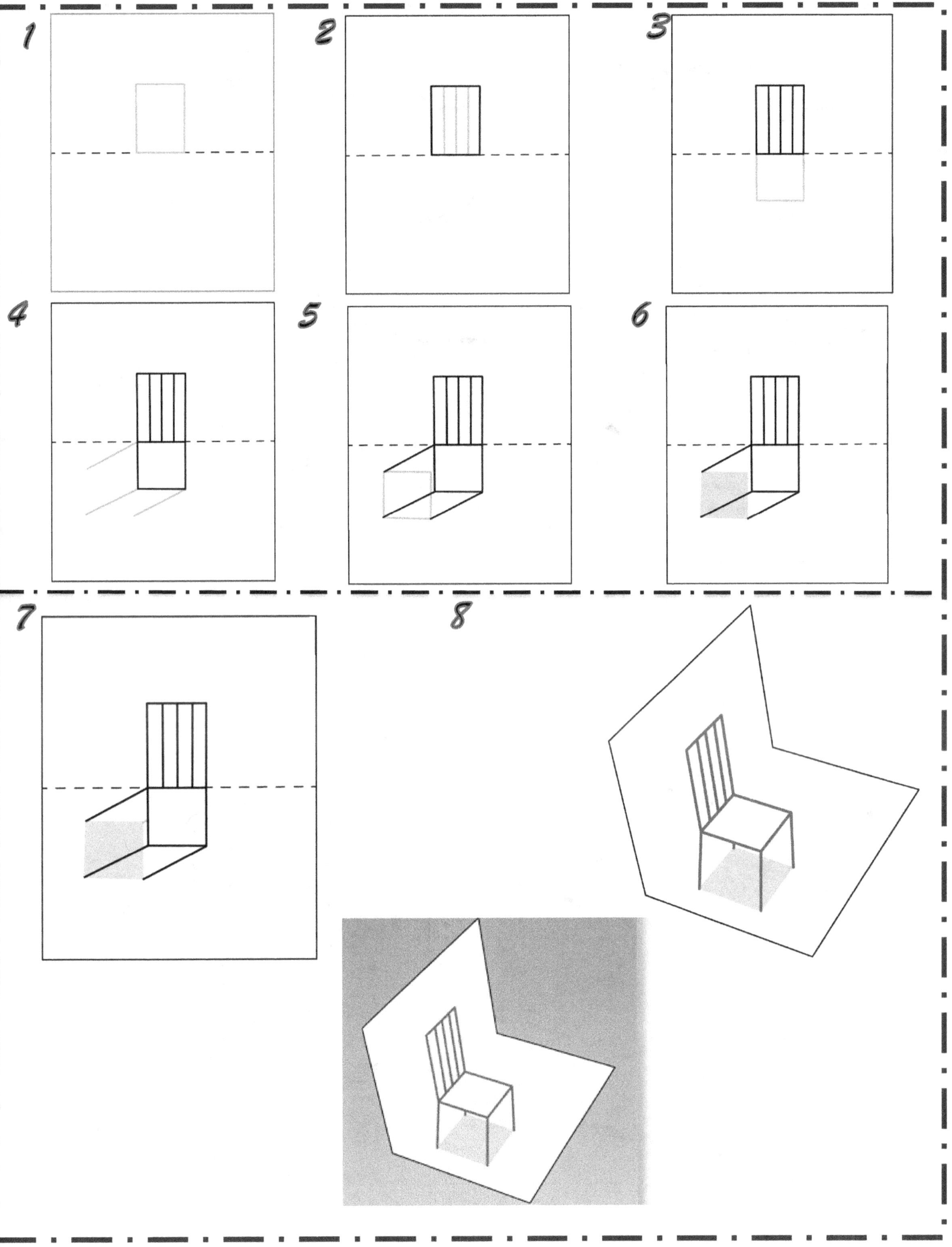
1
2
3
4
5
6
7
8

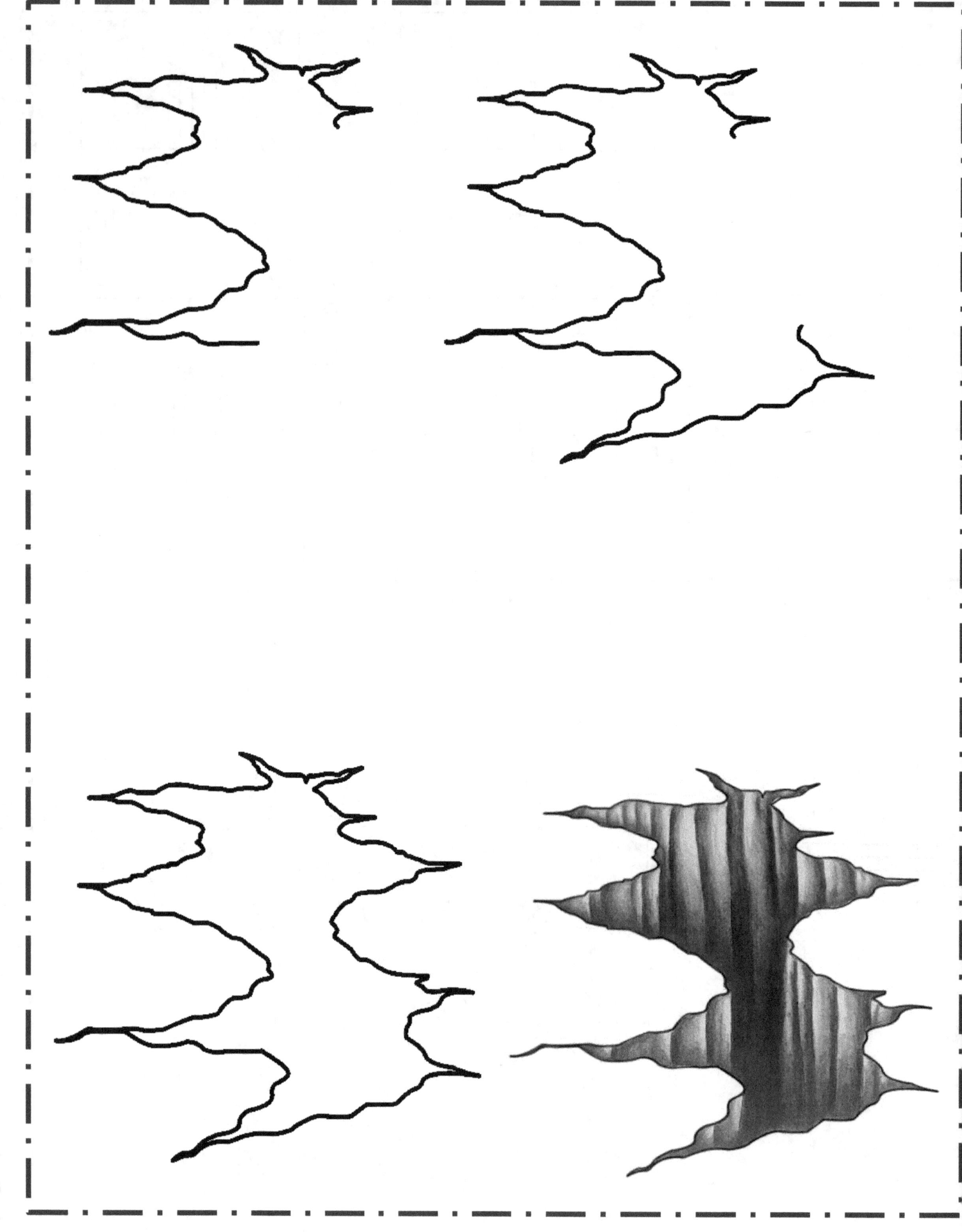

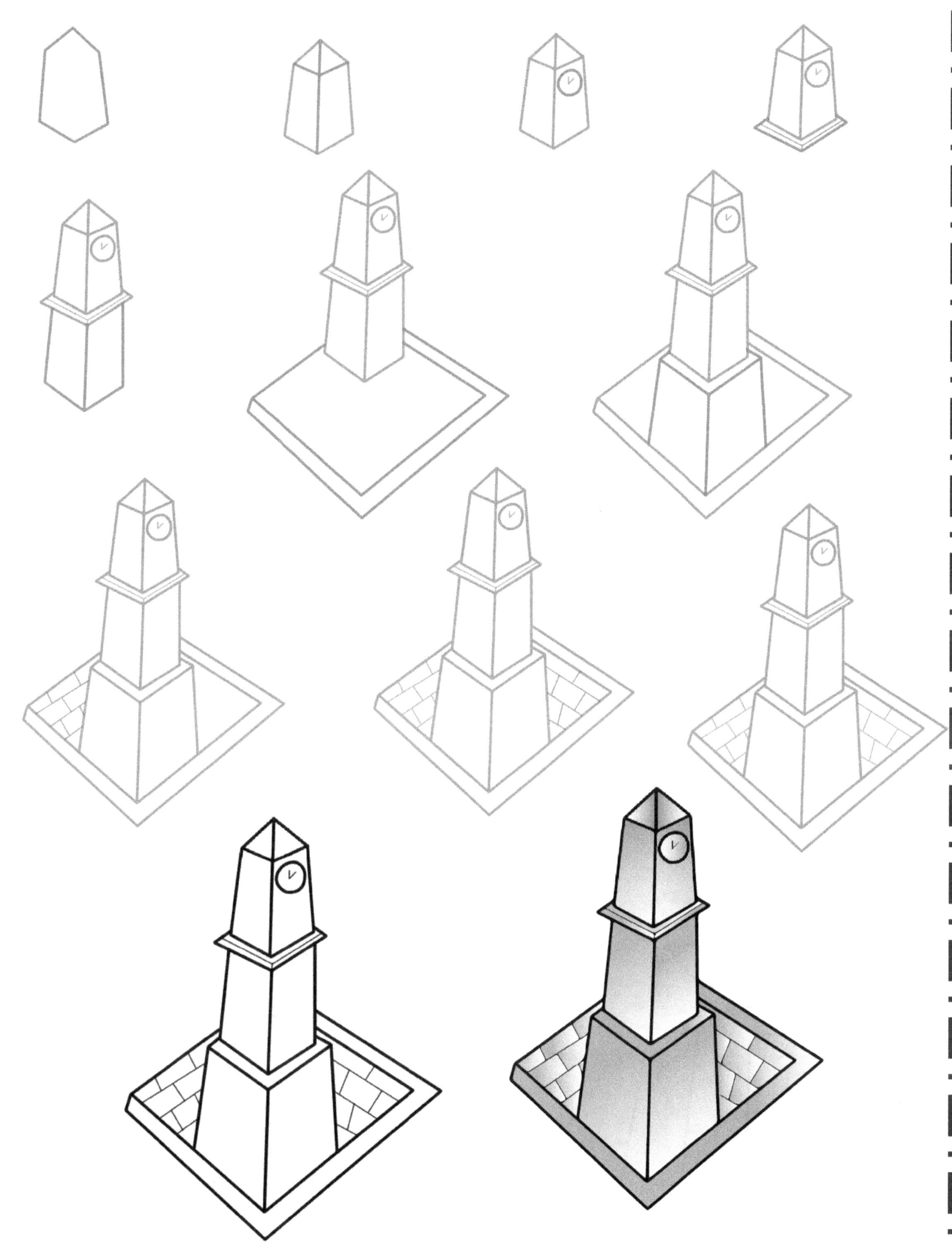

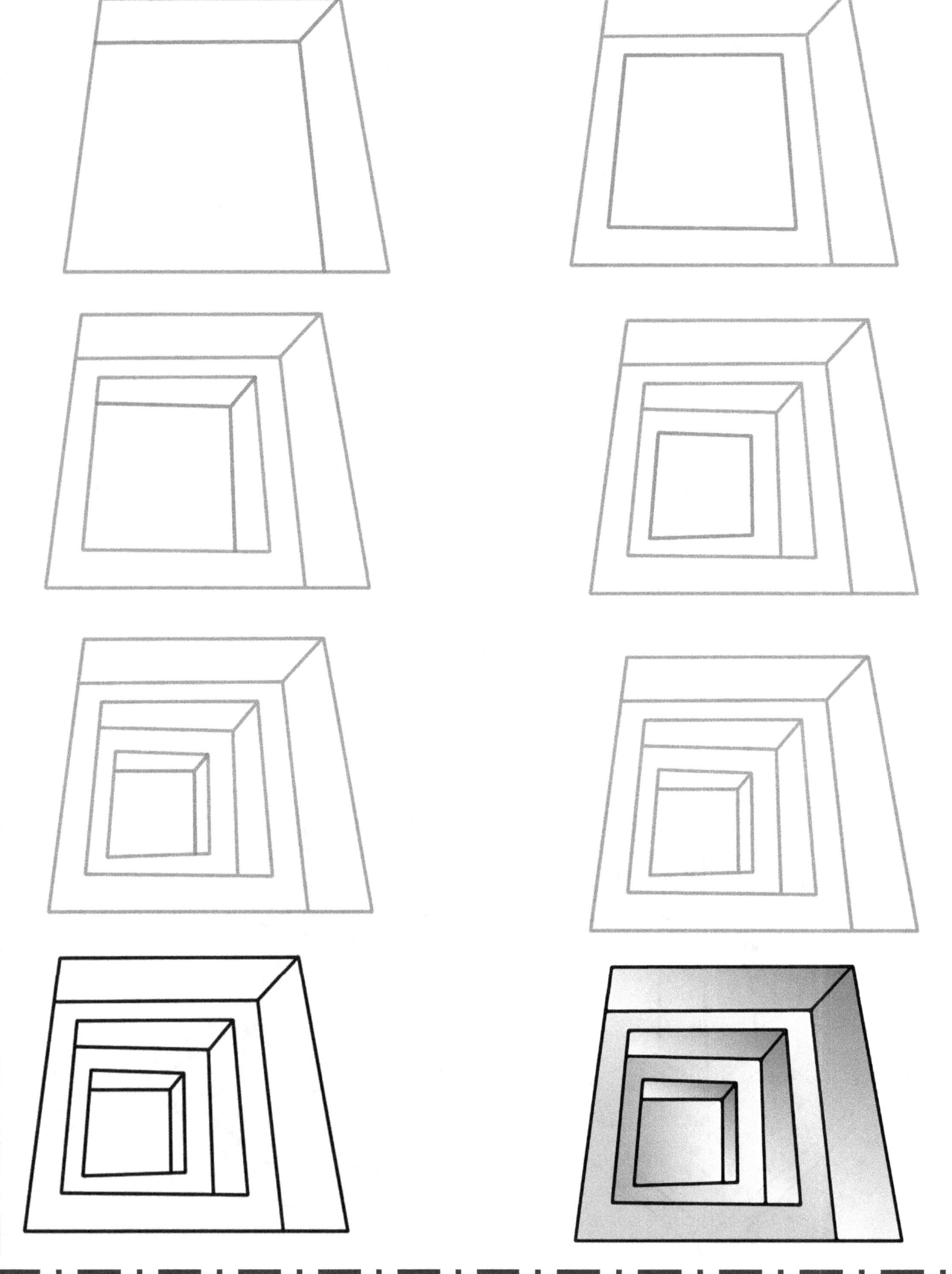

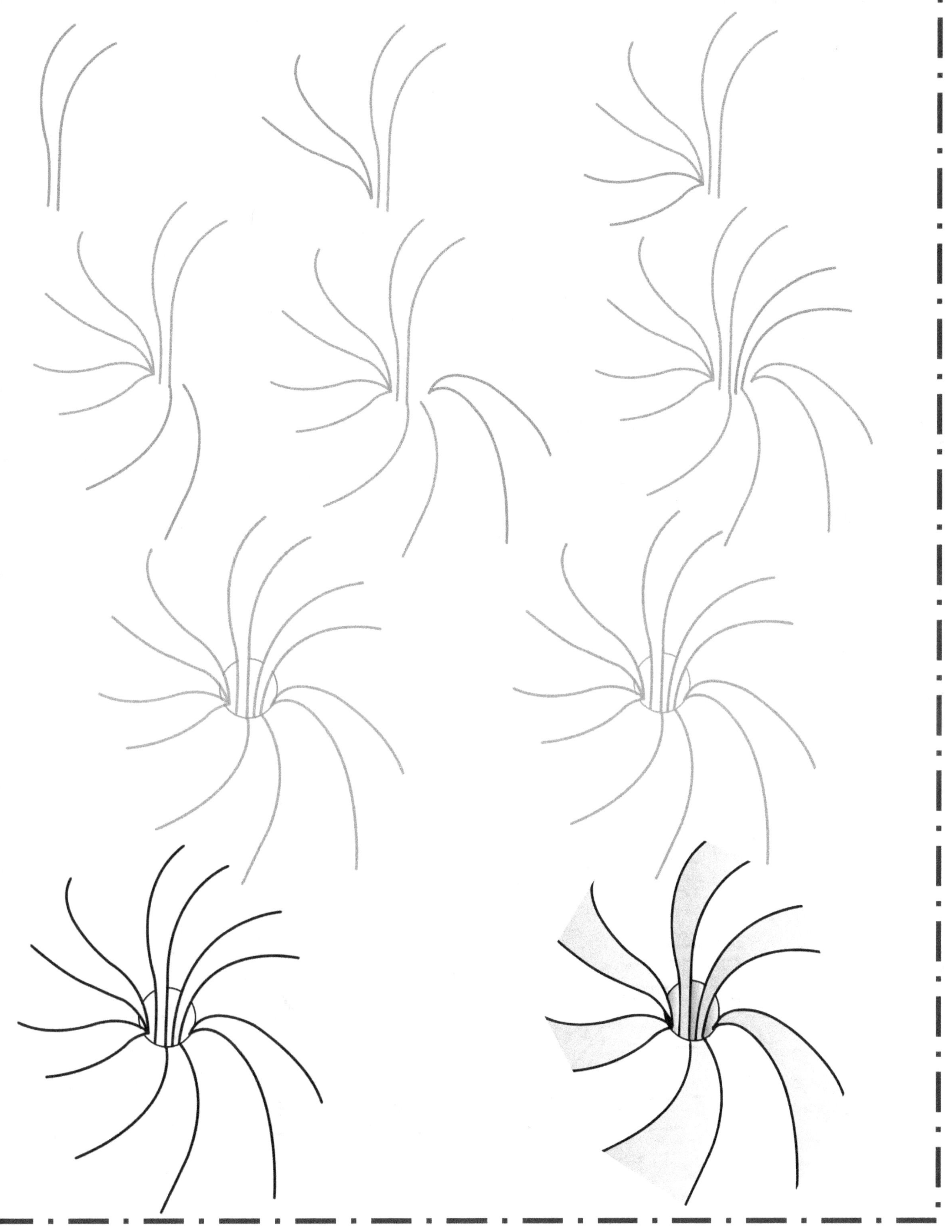

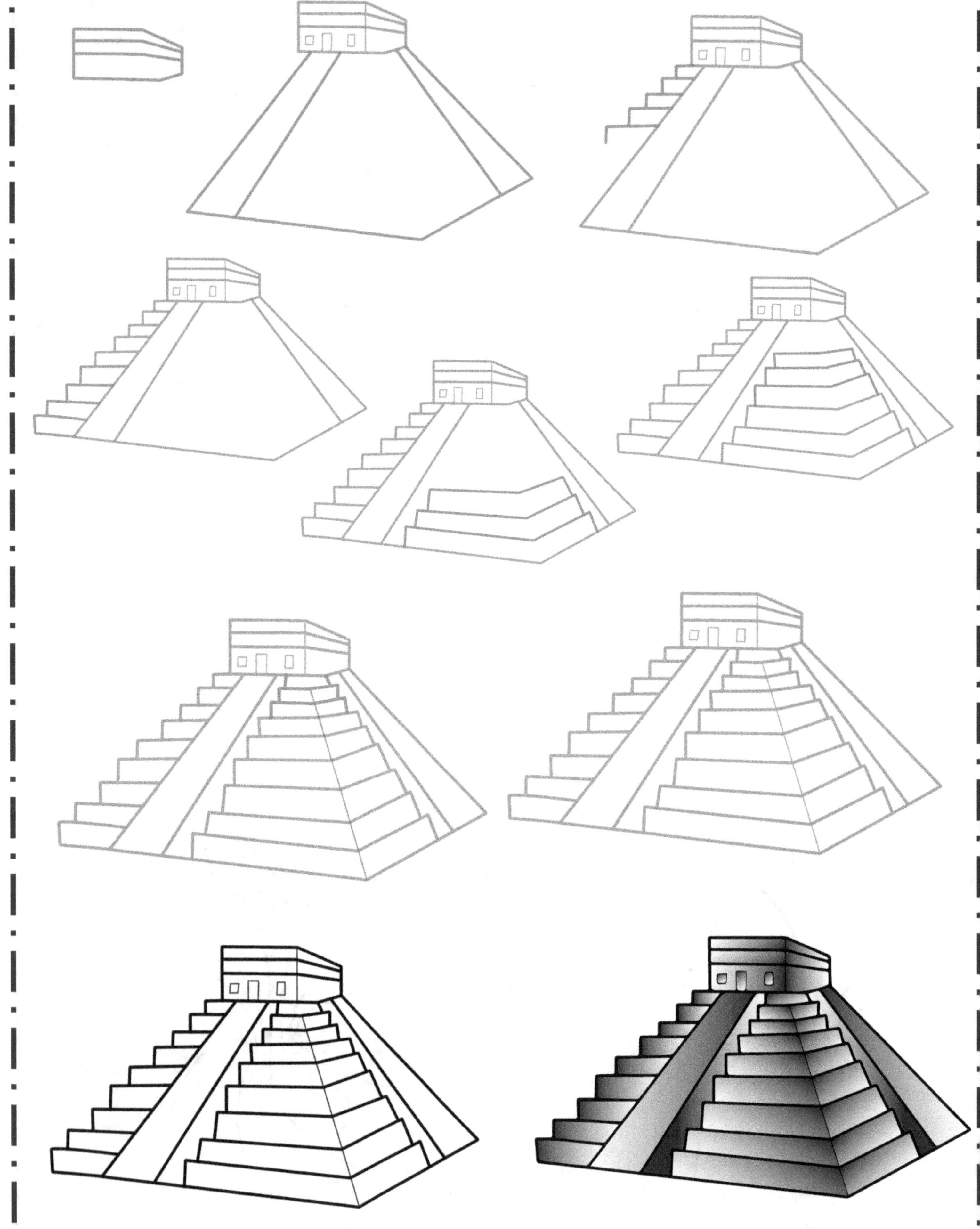

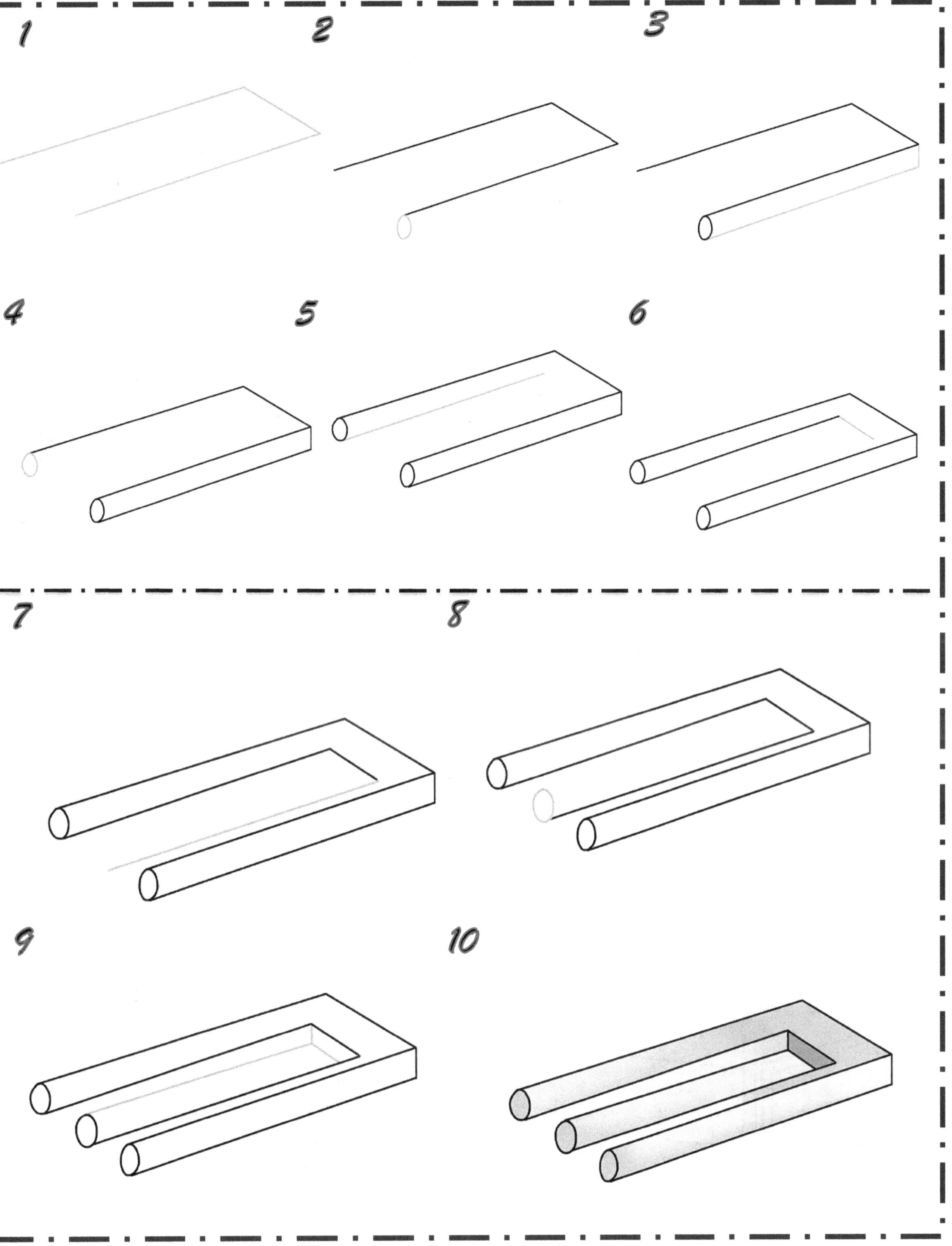
1
2
3
4
5
6
7
8
9
10

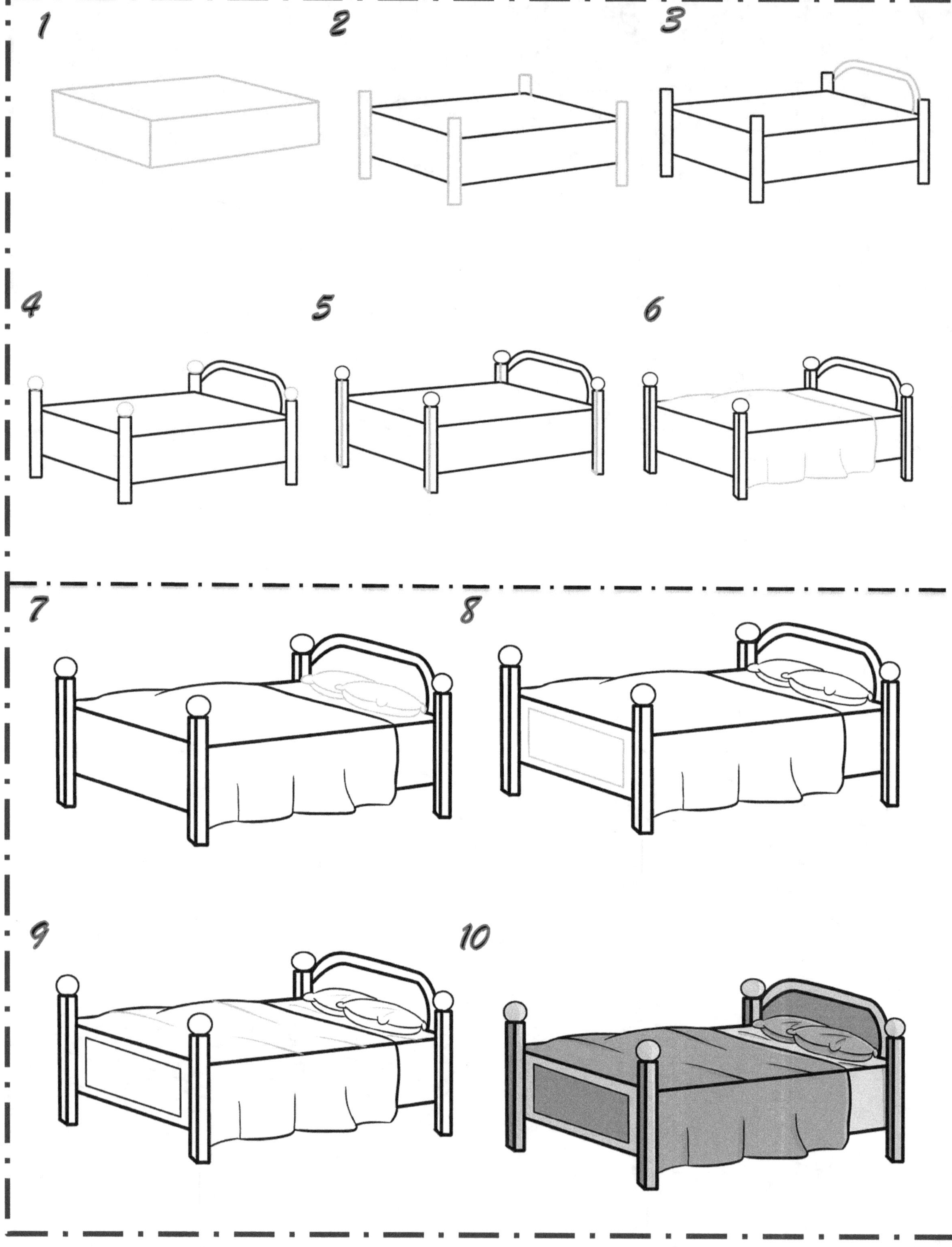
1
2
3
4
5
6
7
8
9
10

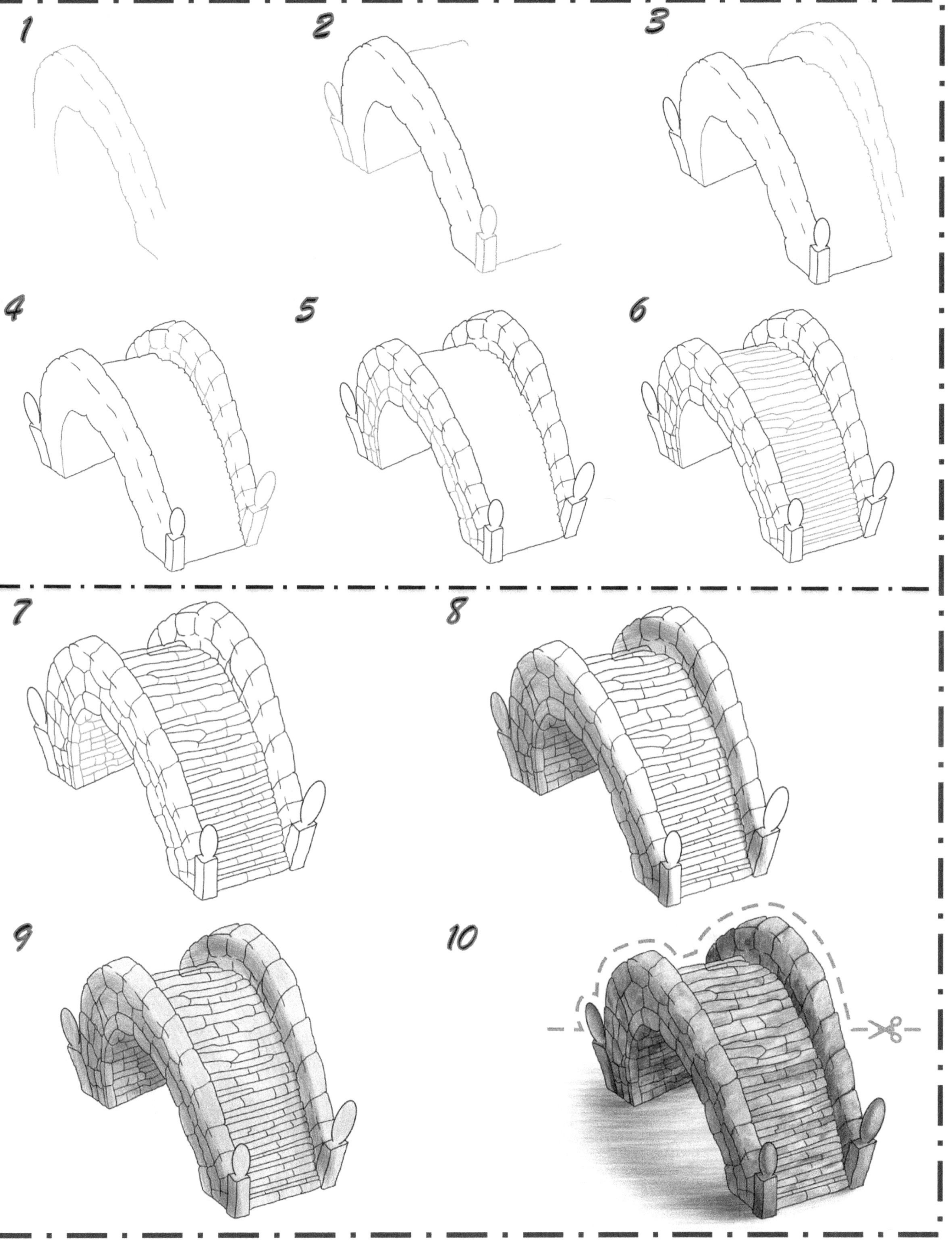

1
2
3
4
5
6
7
8
9
10

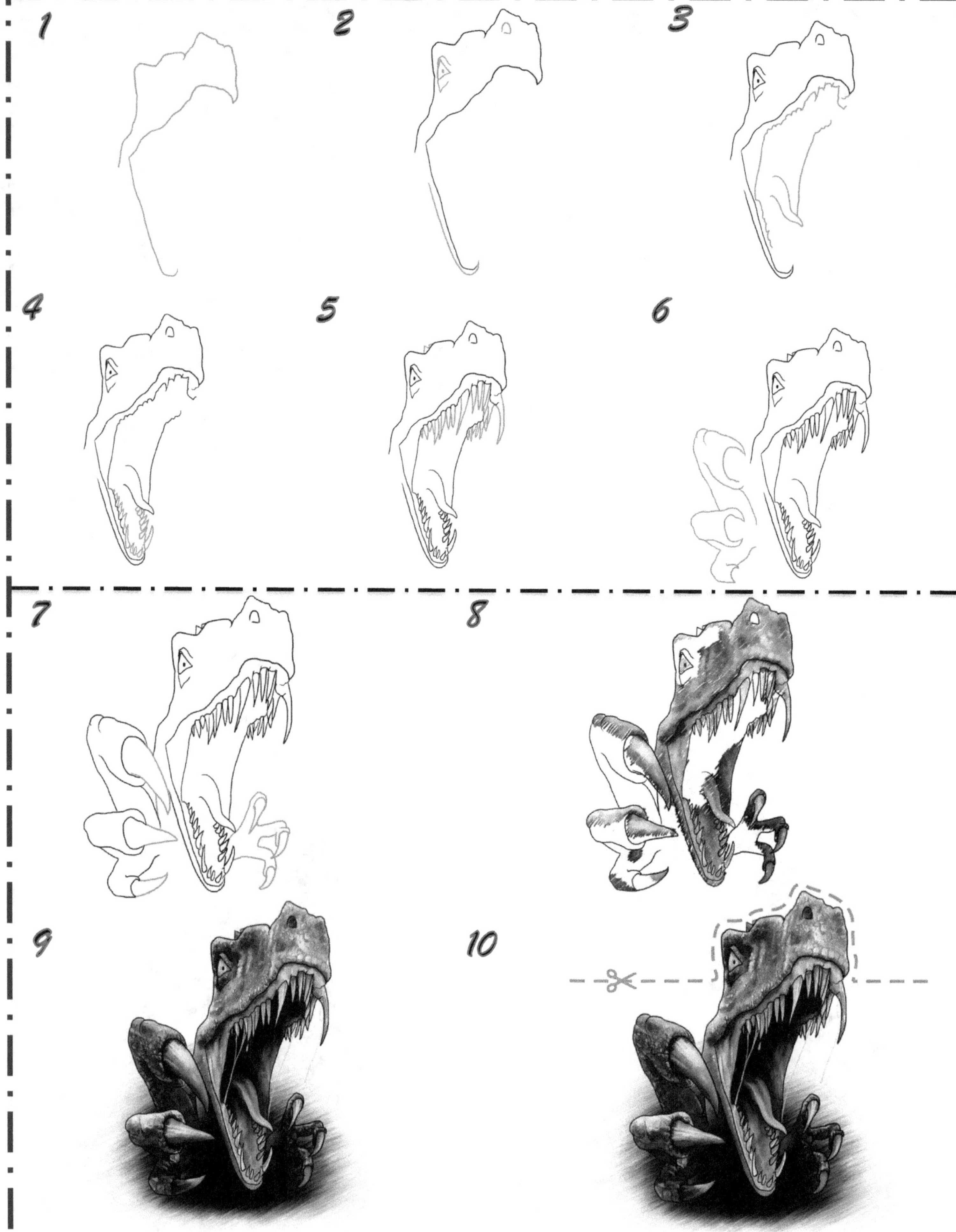
1
2
3
4
5
6
7
8
9
10

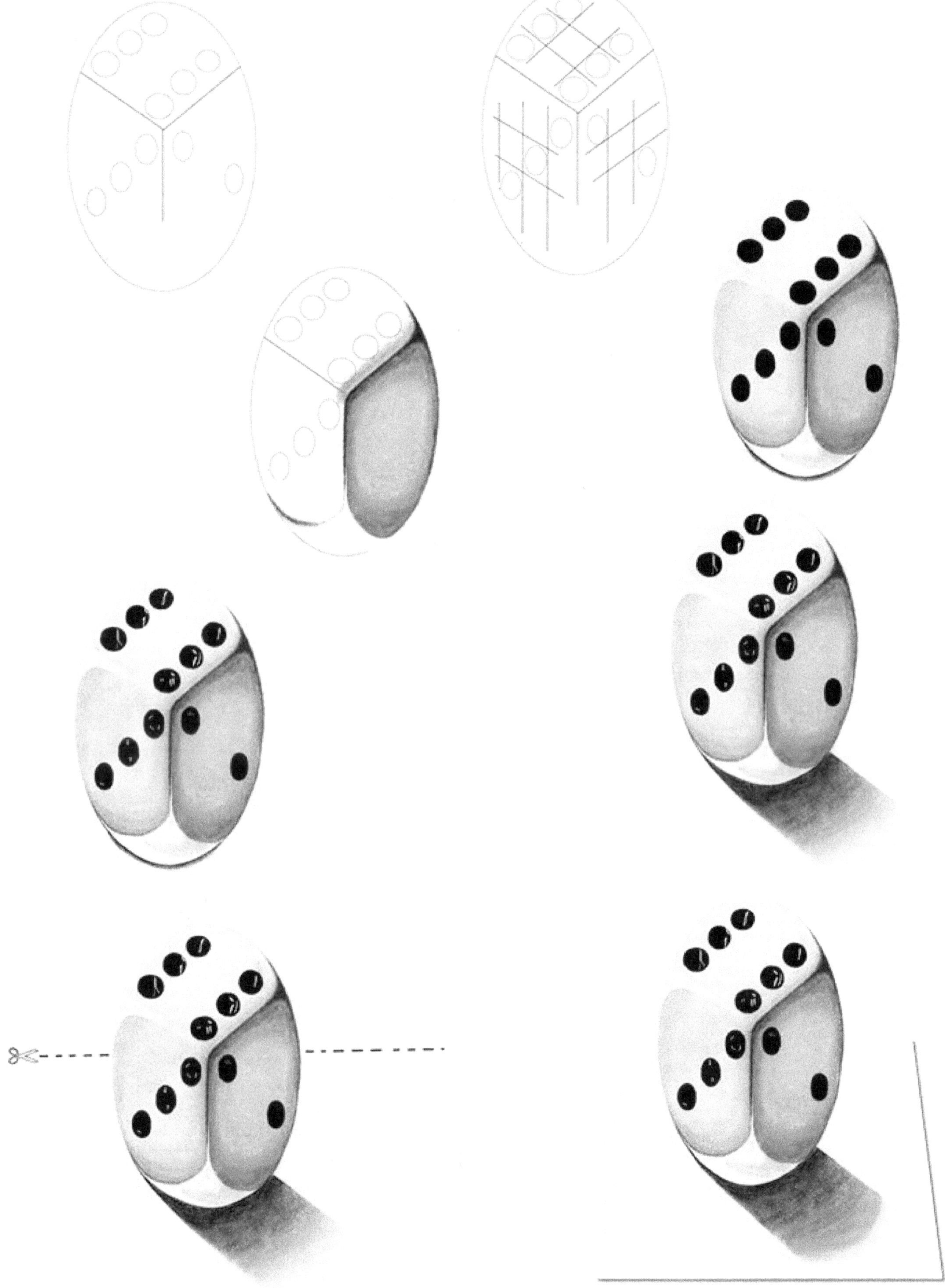

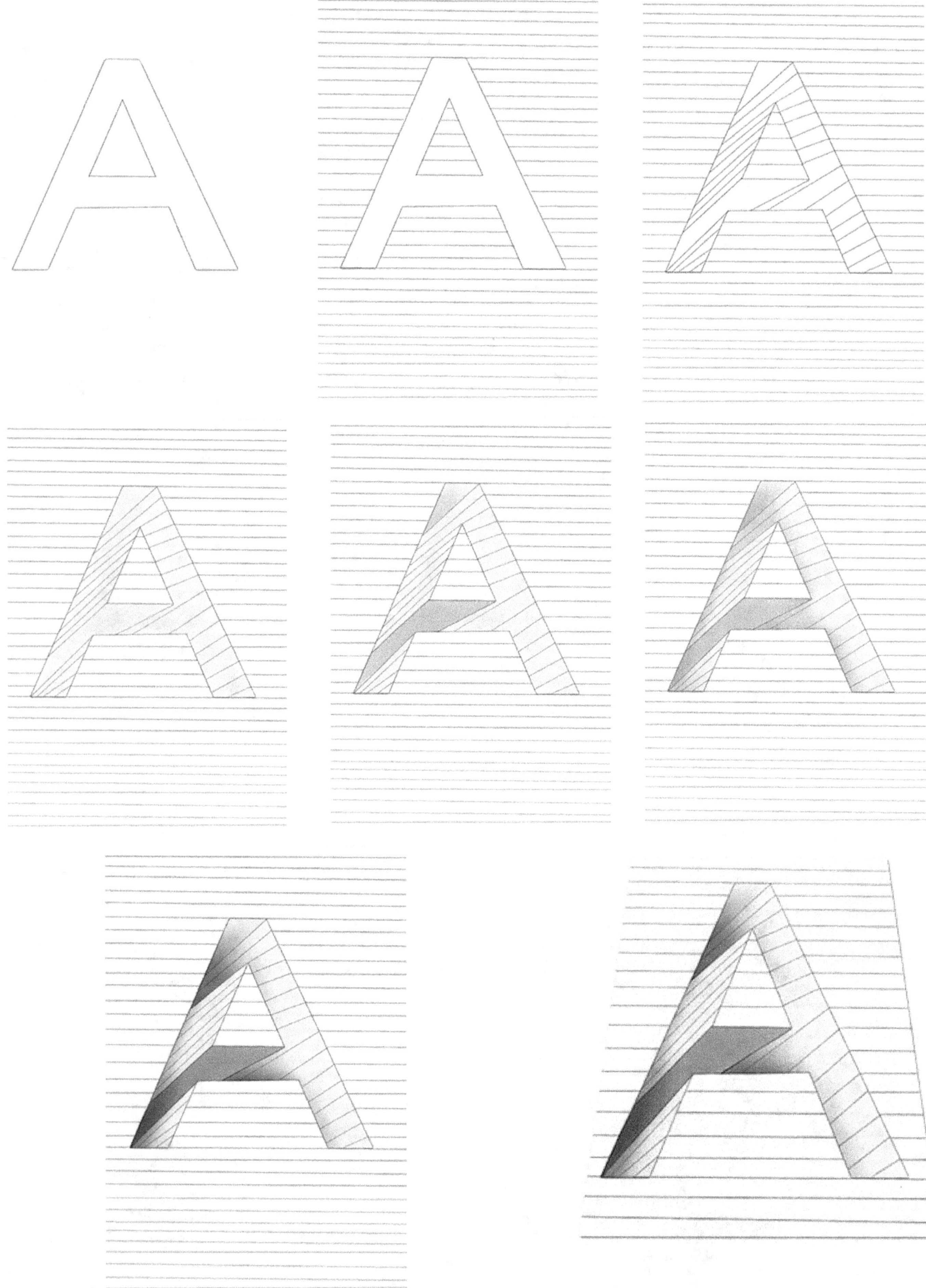

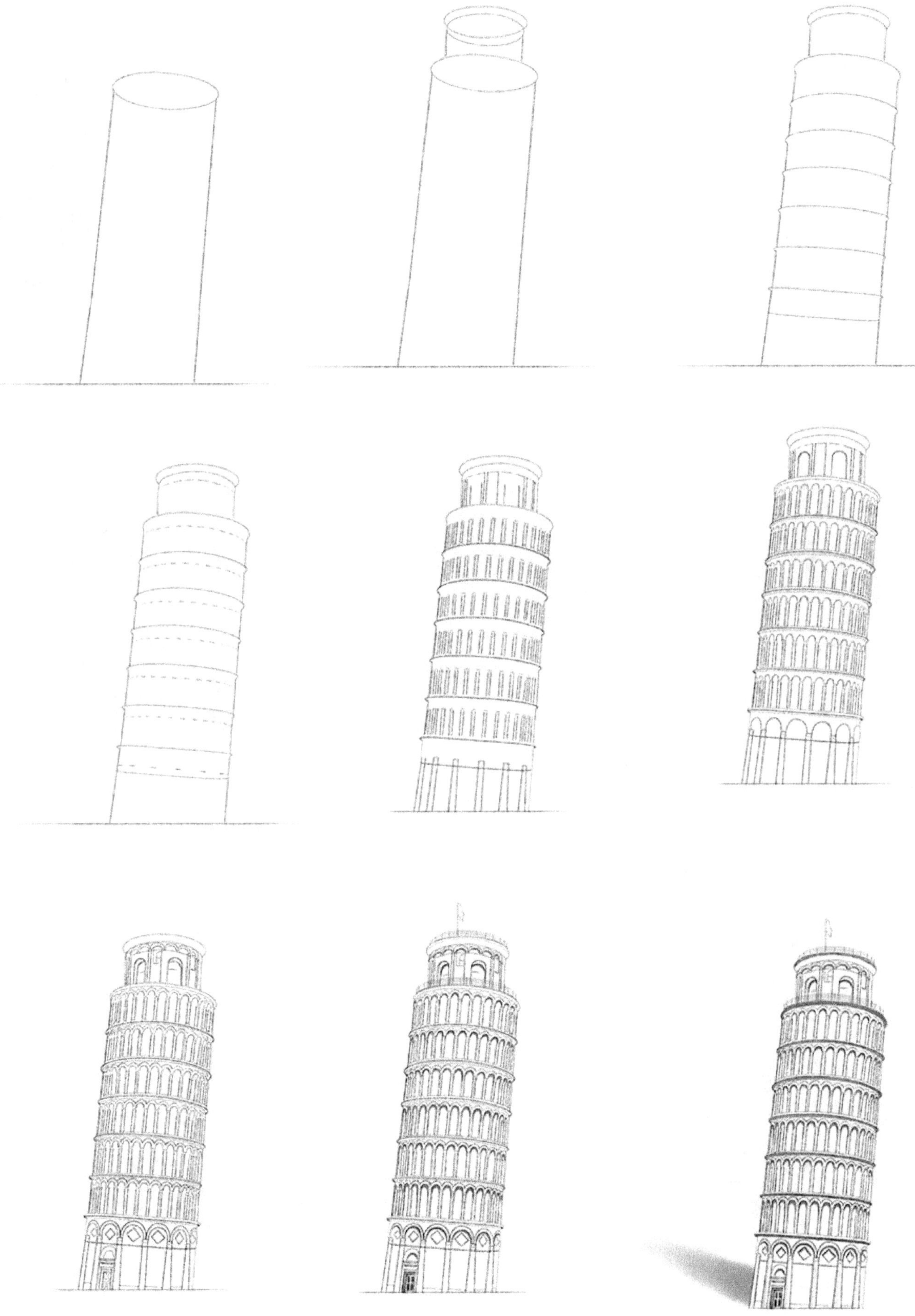

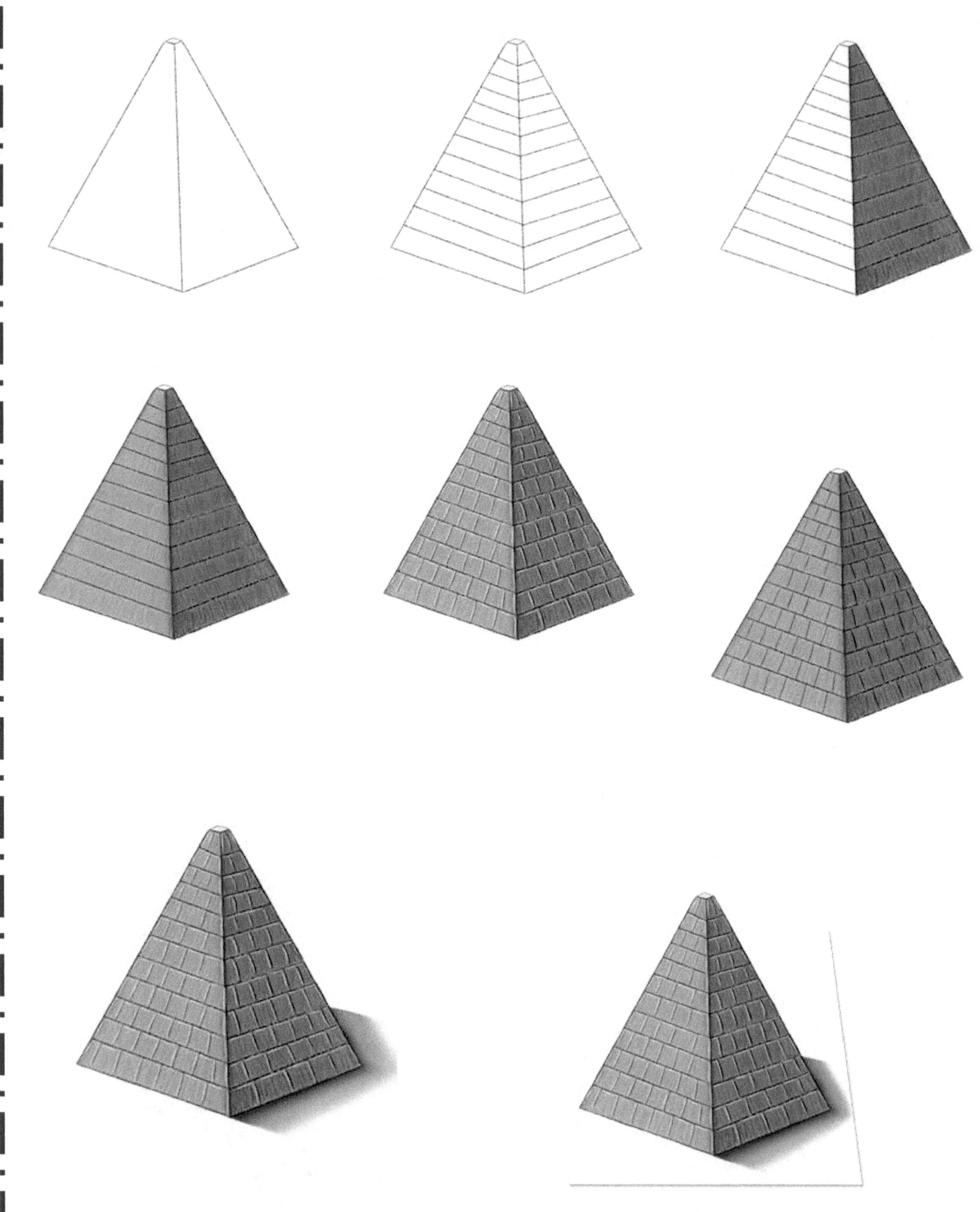

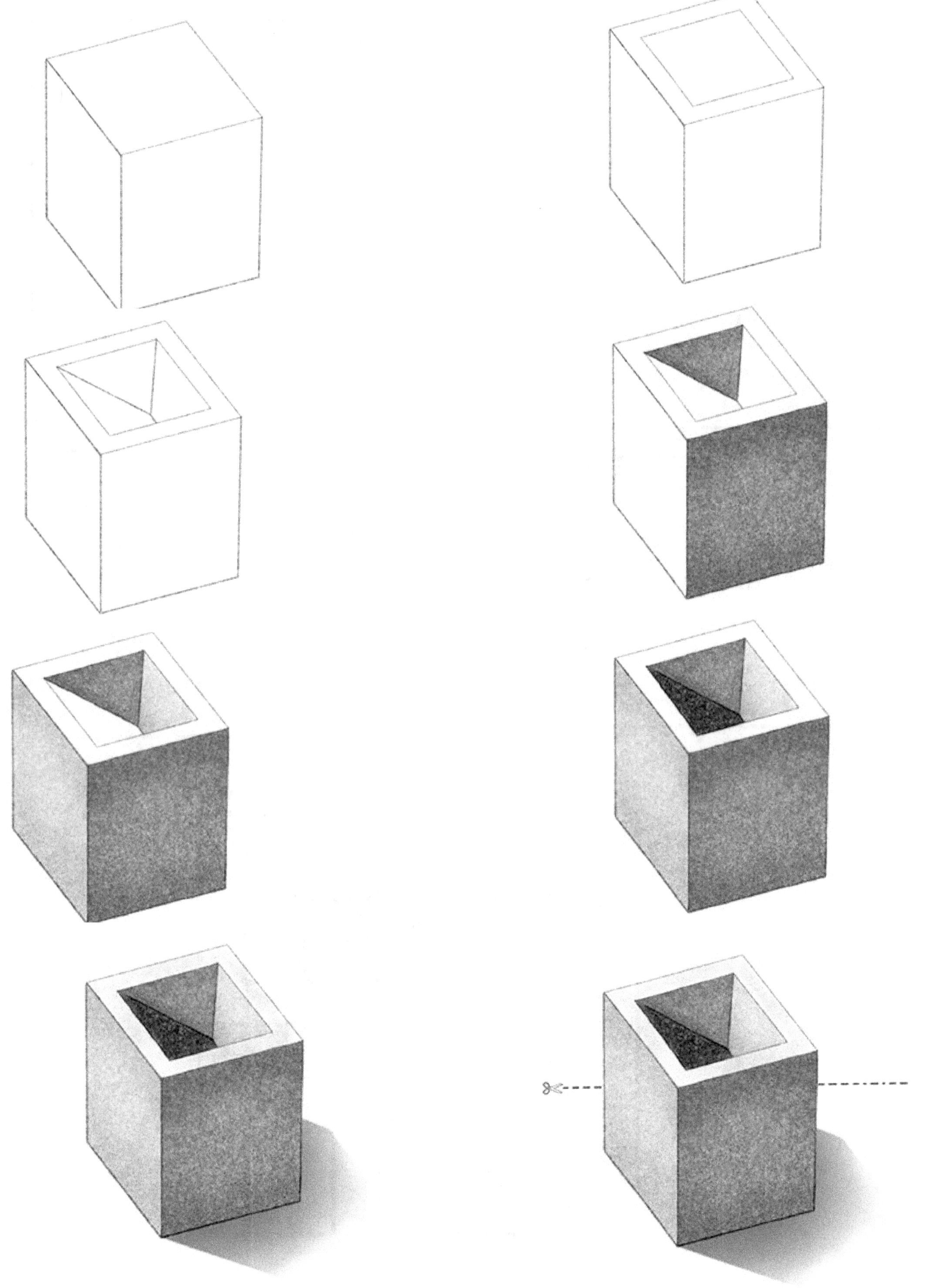

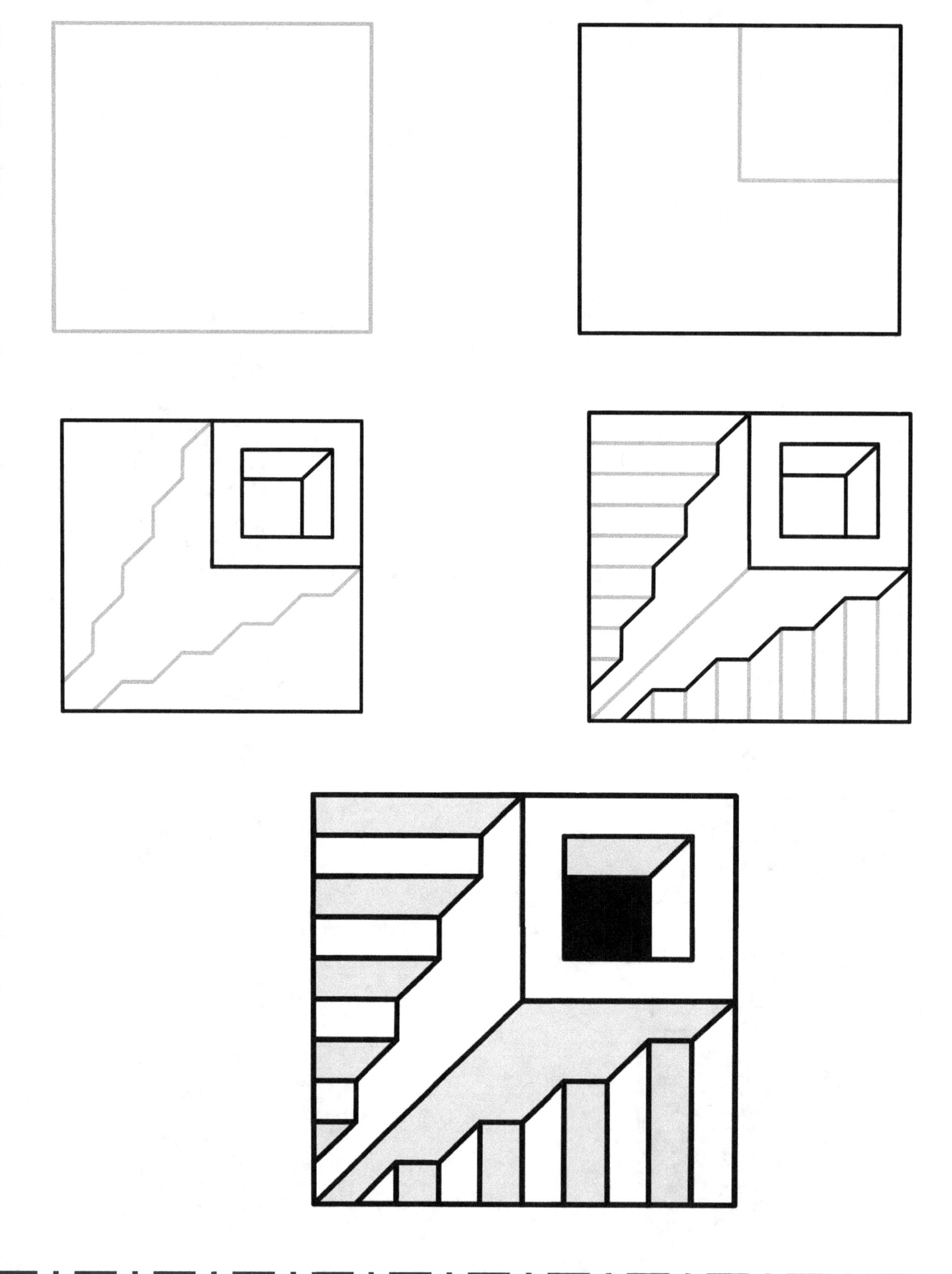

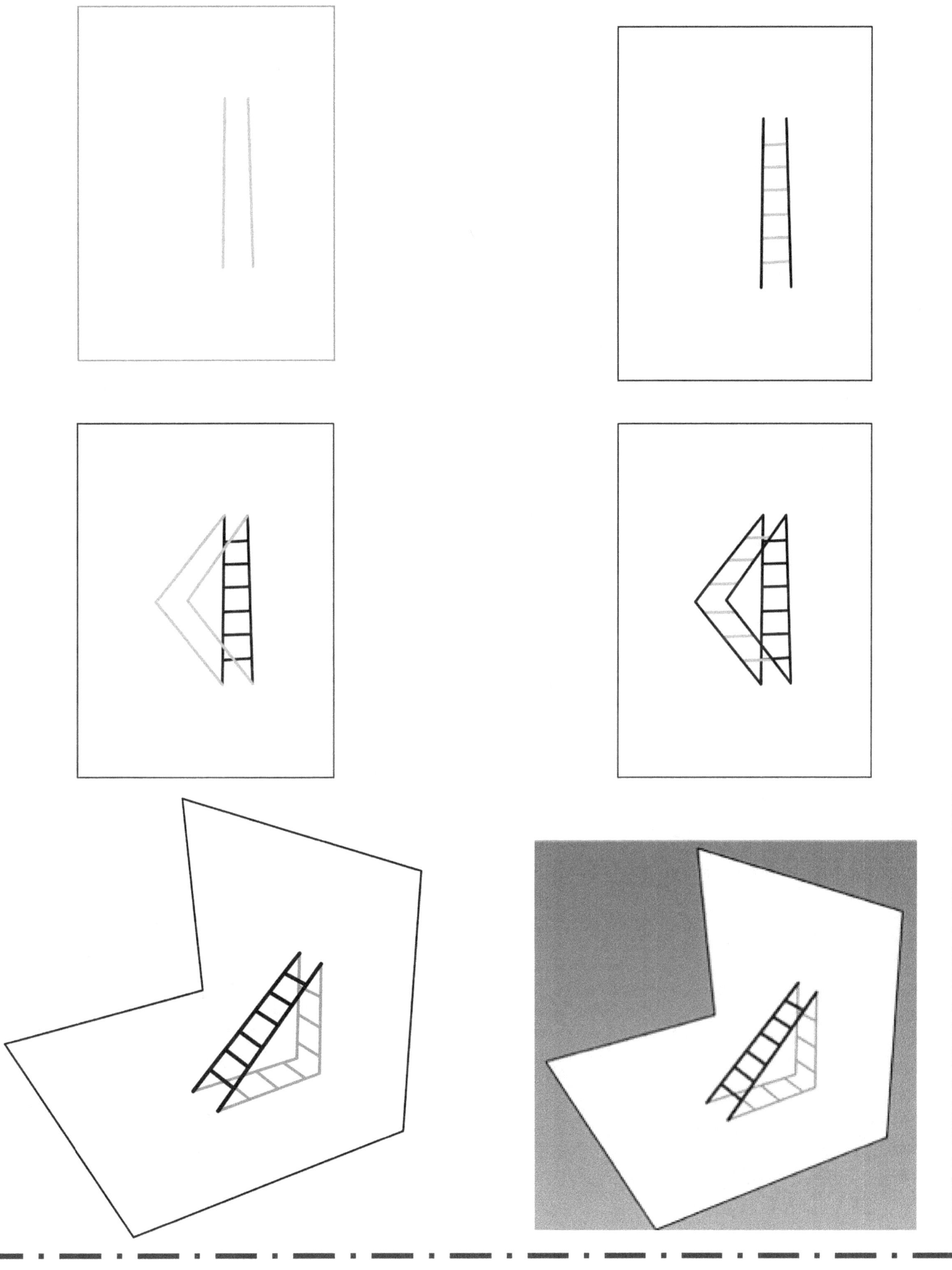

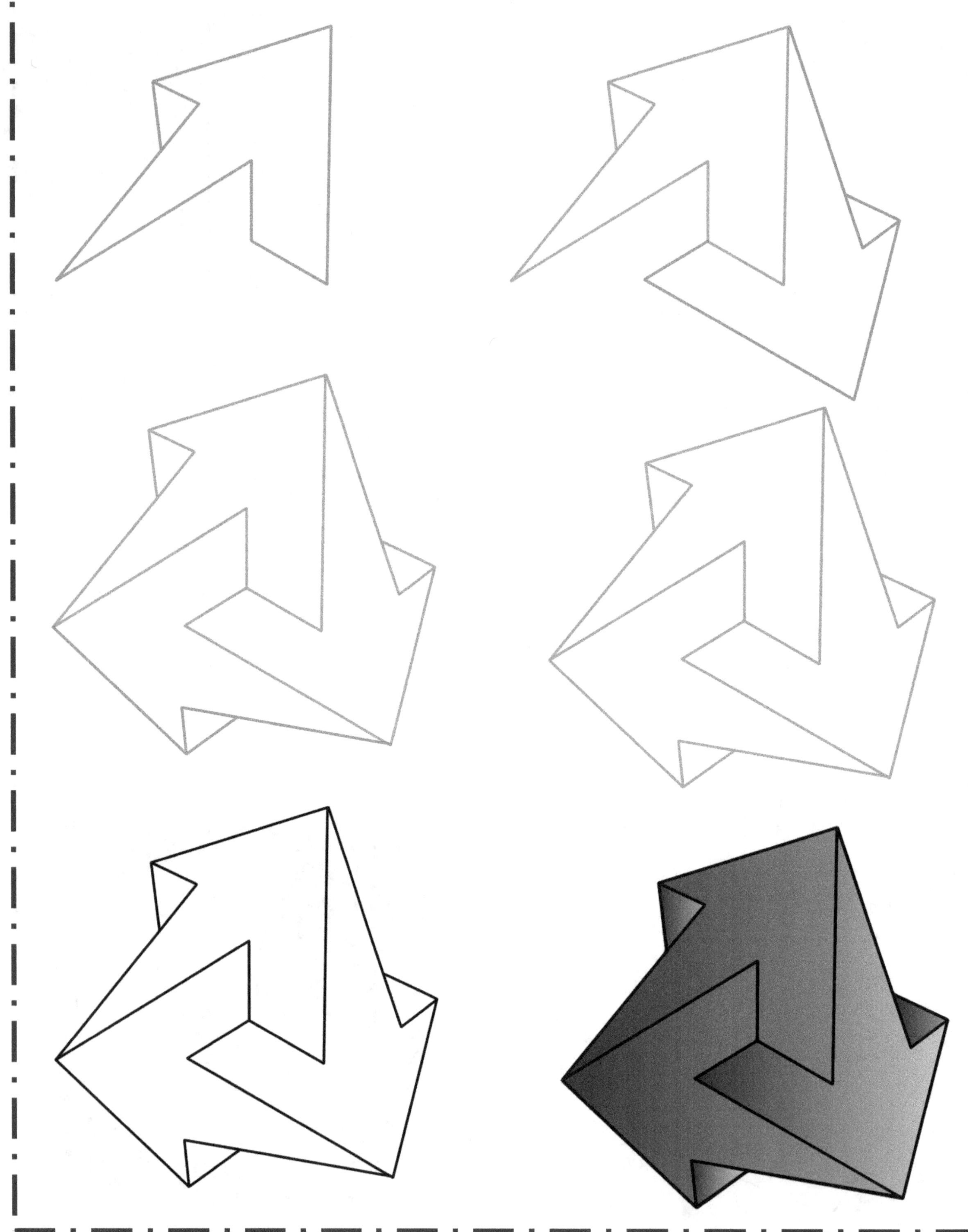

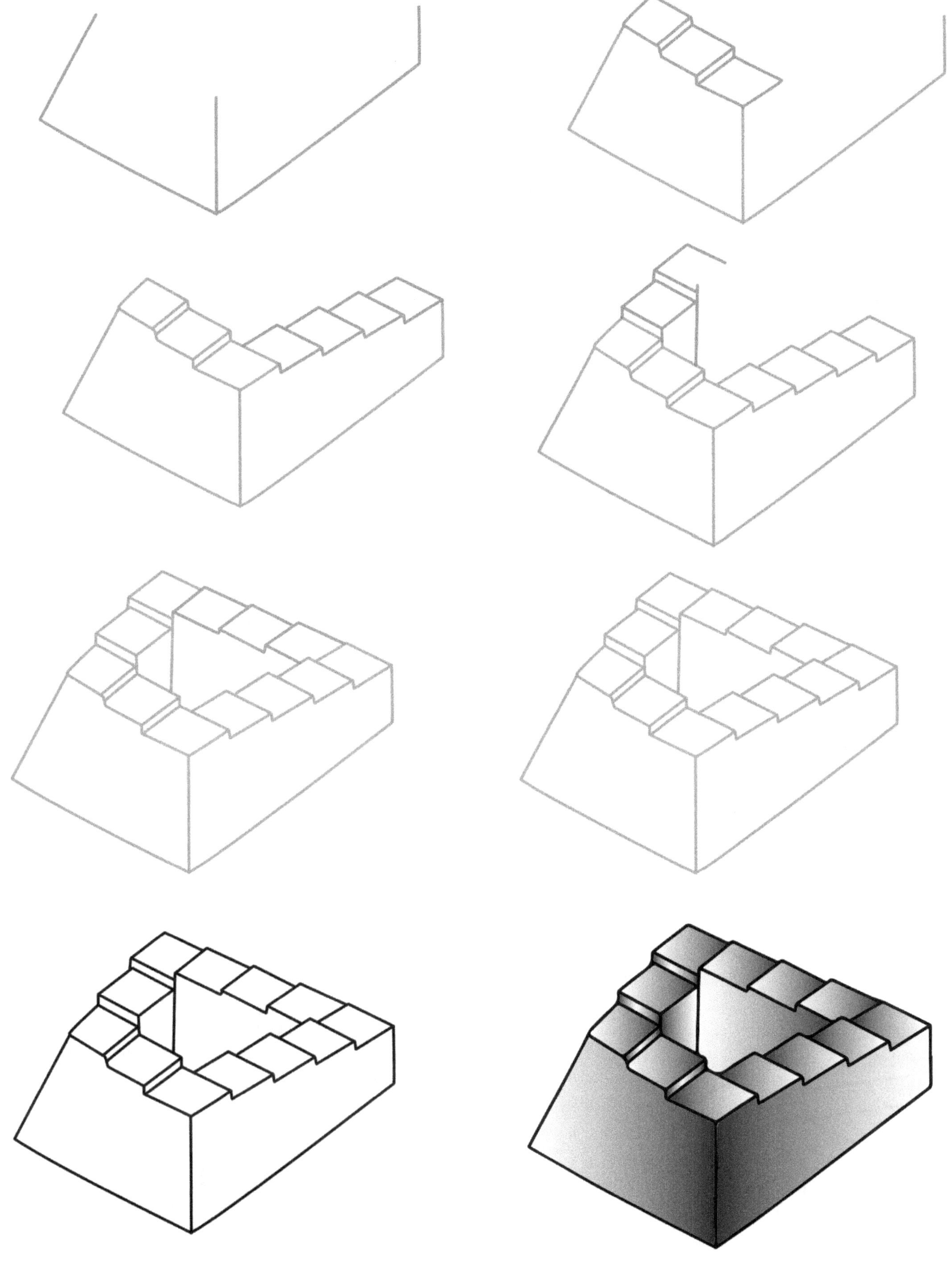

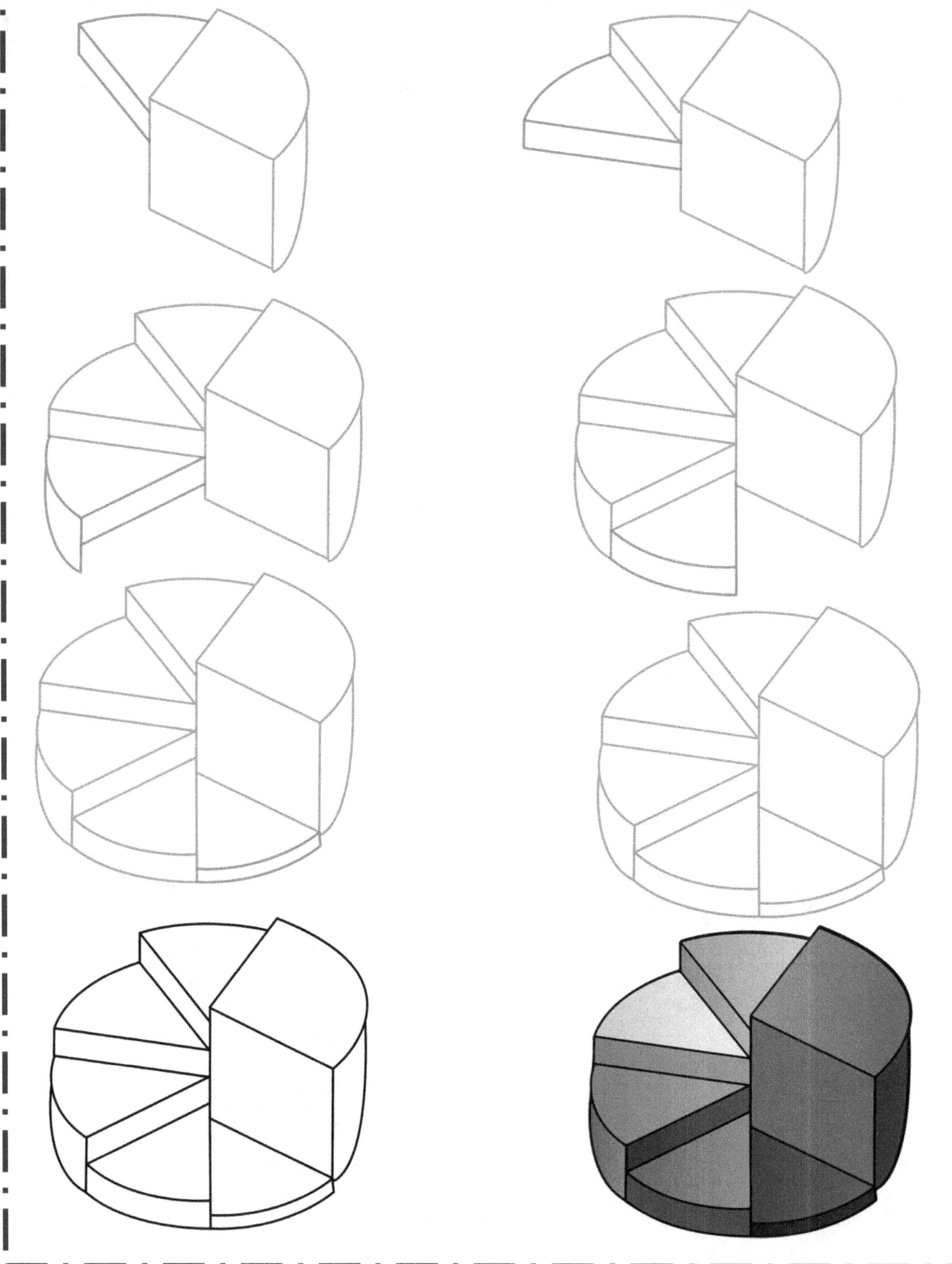

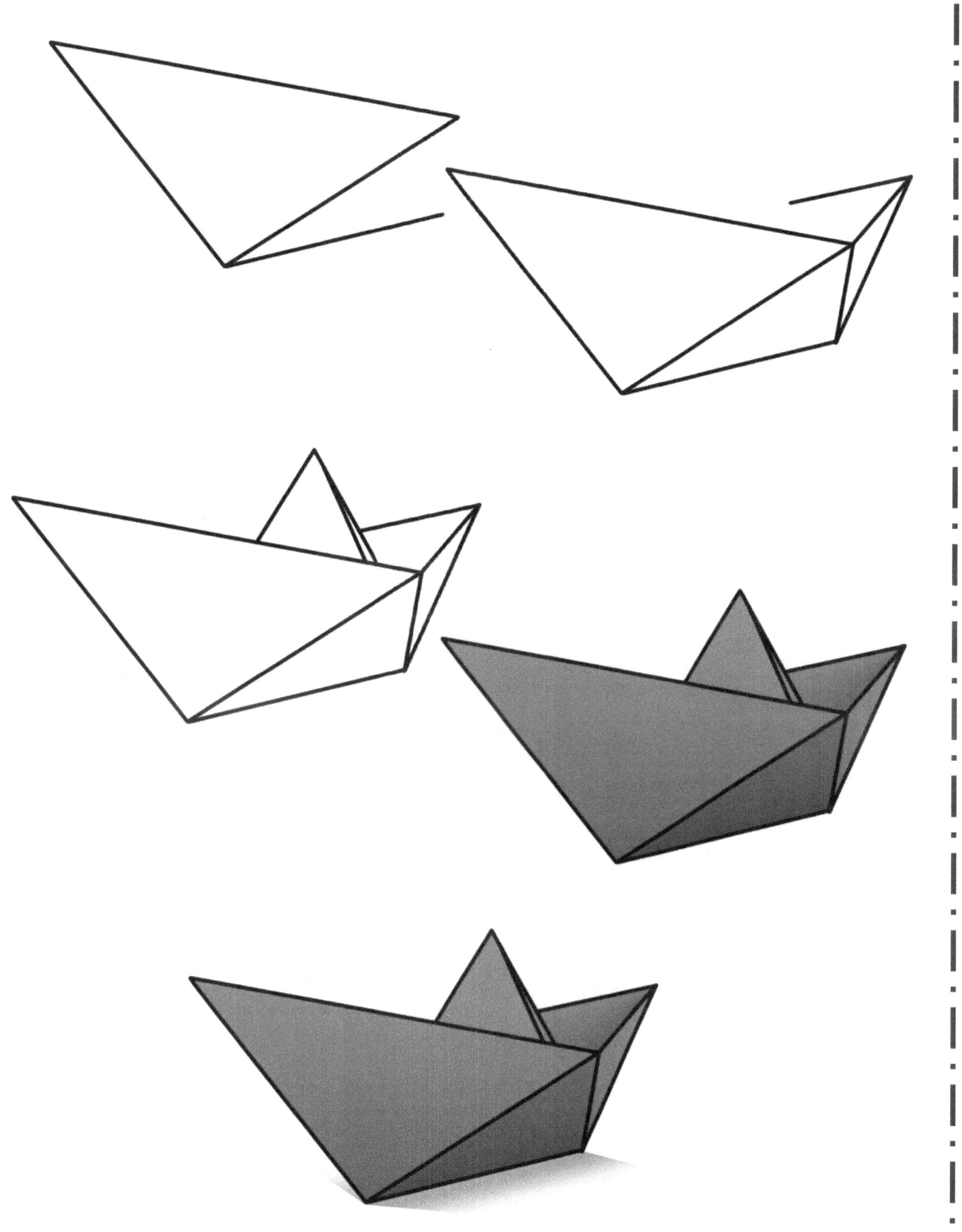

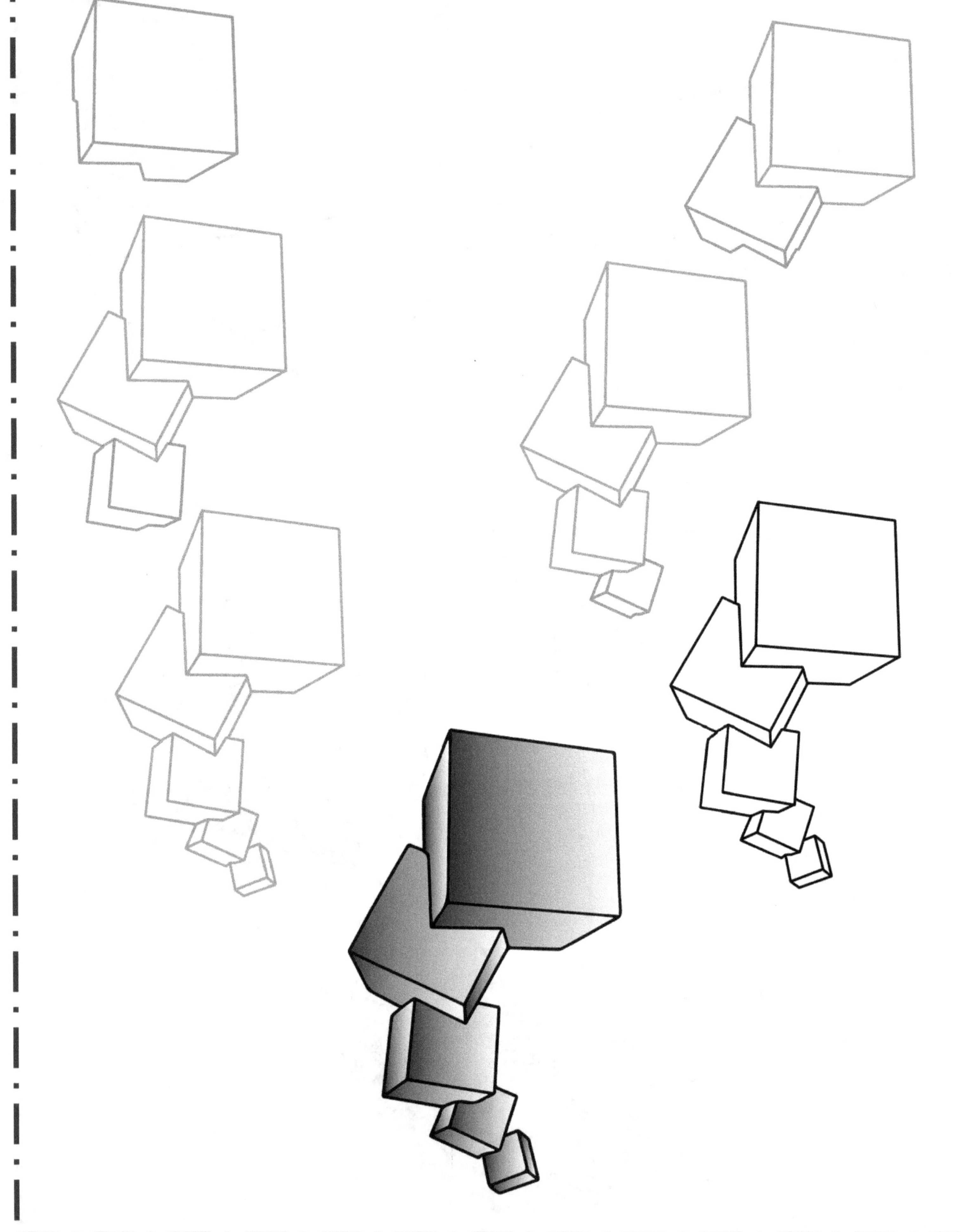

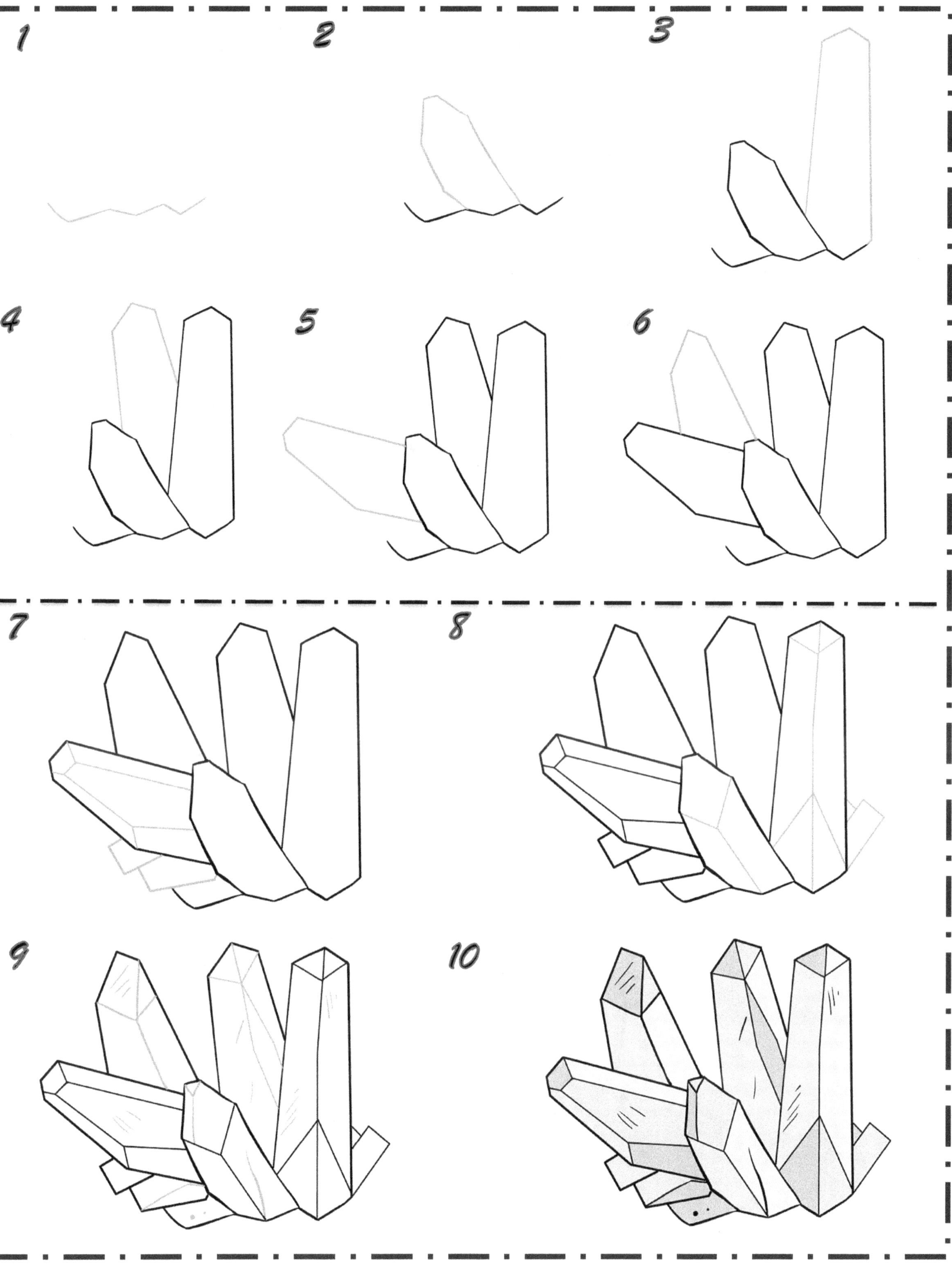
1
2
3
4
5
6
7
8
9
10

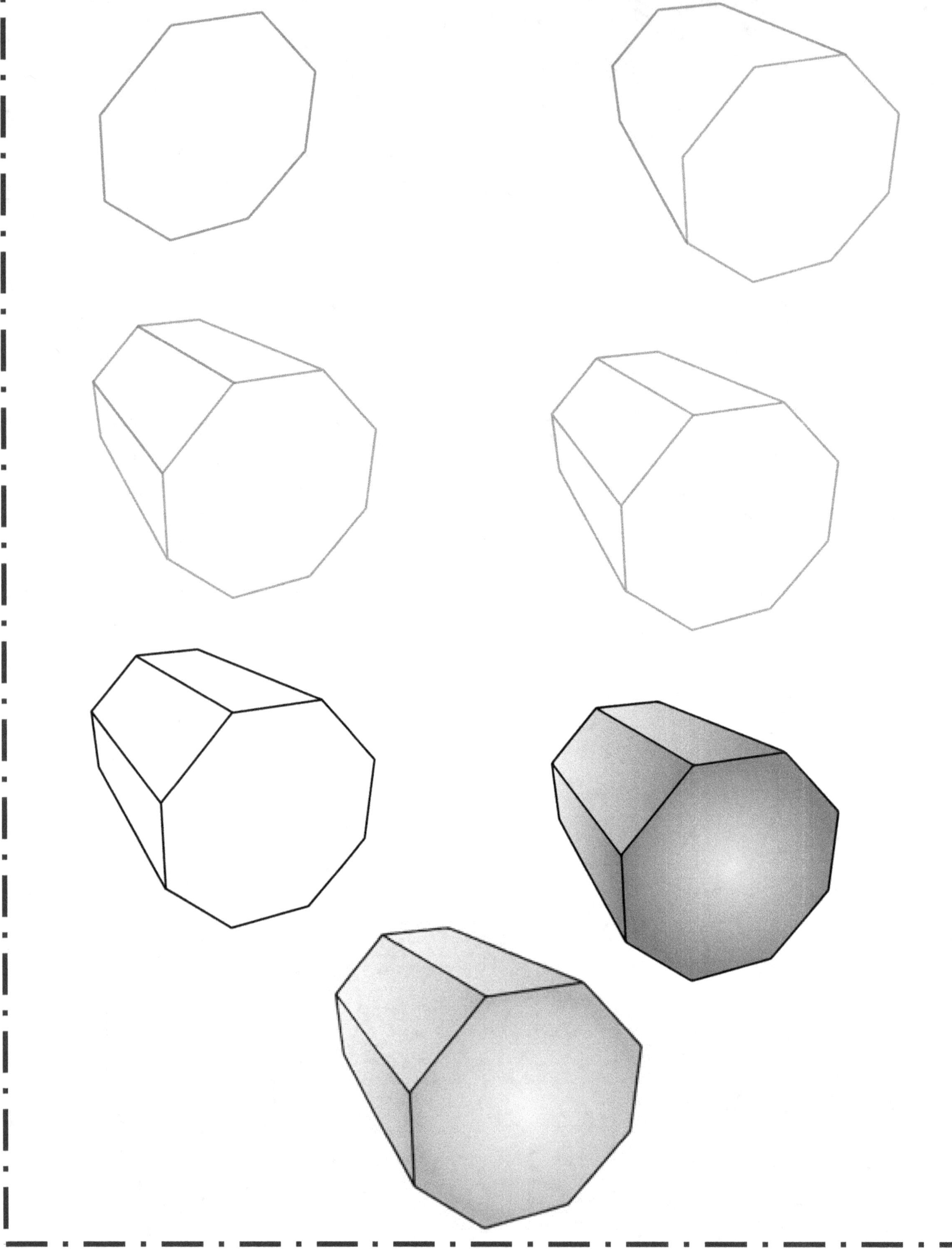

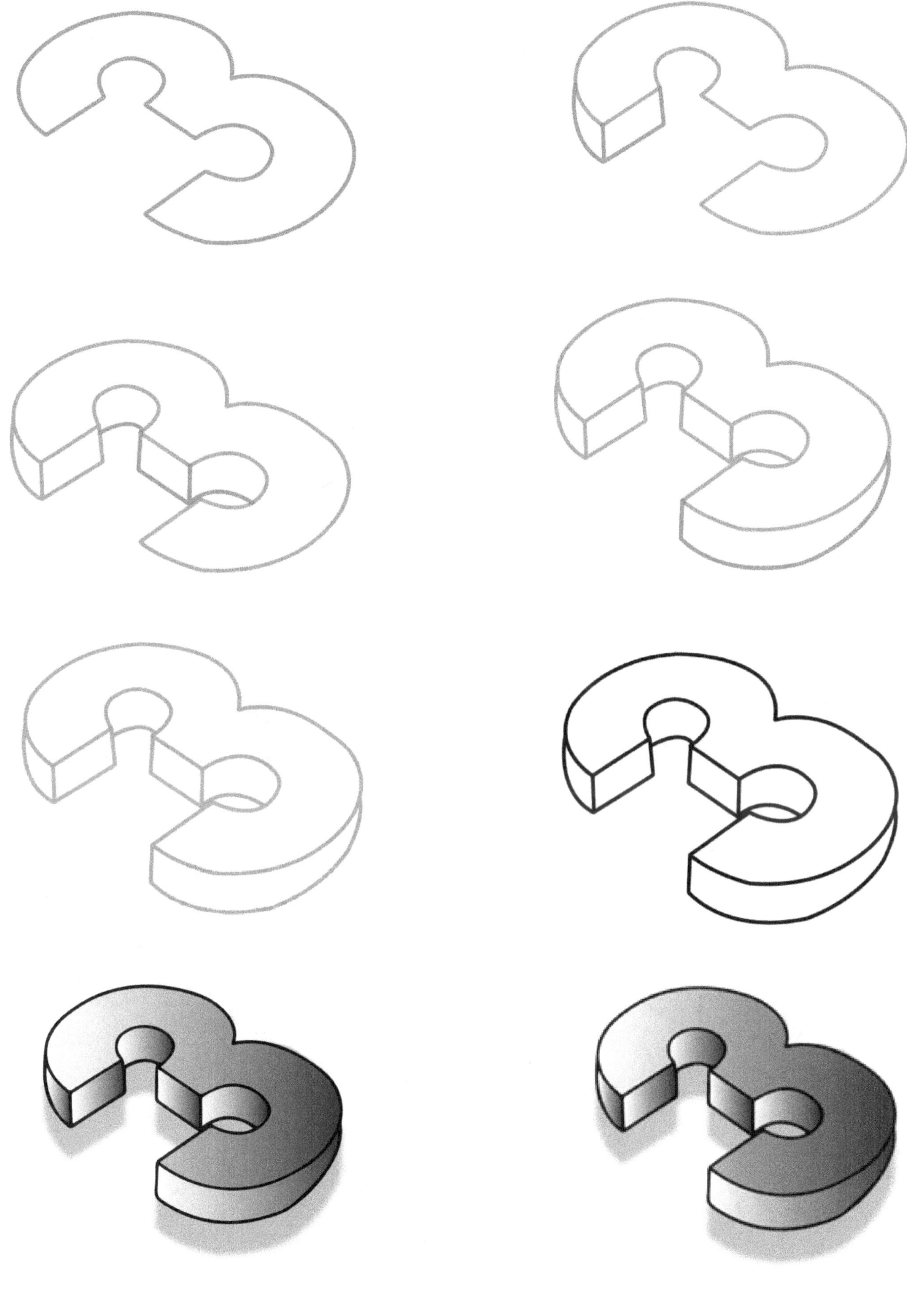

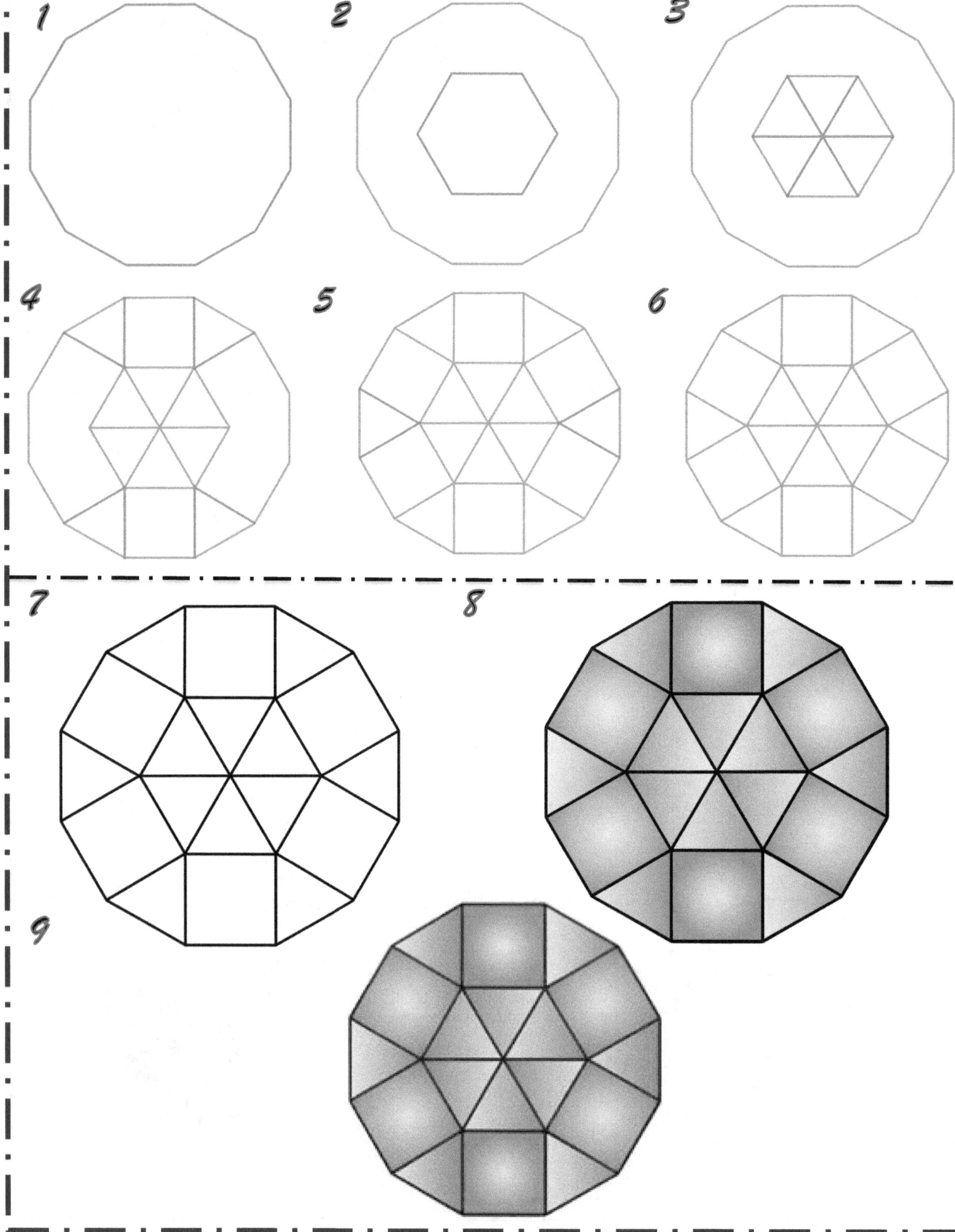
1
2
3
4
5
6
7
8
9

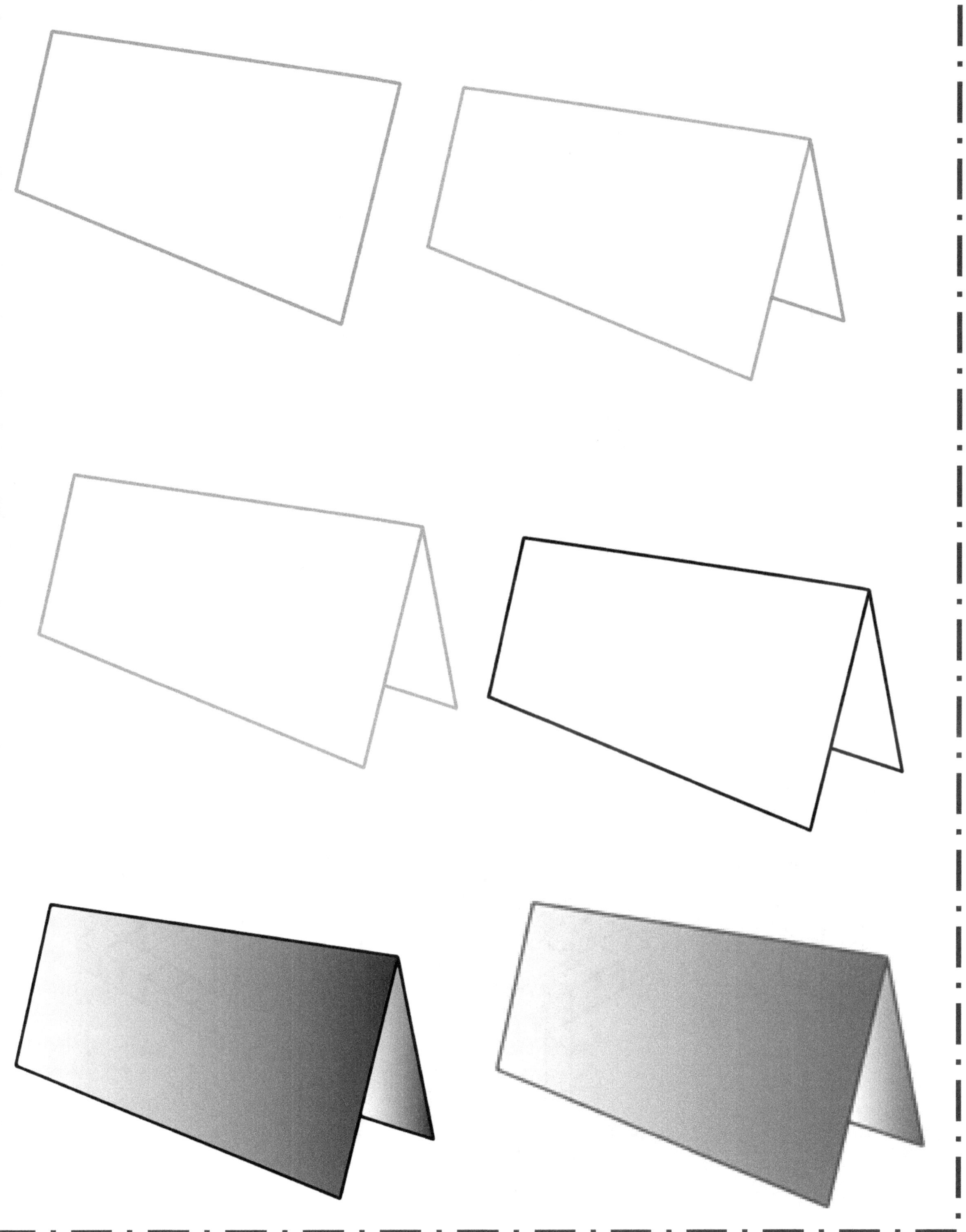

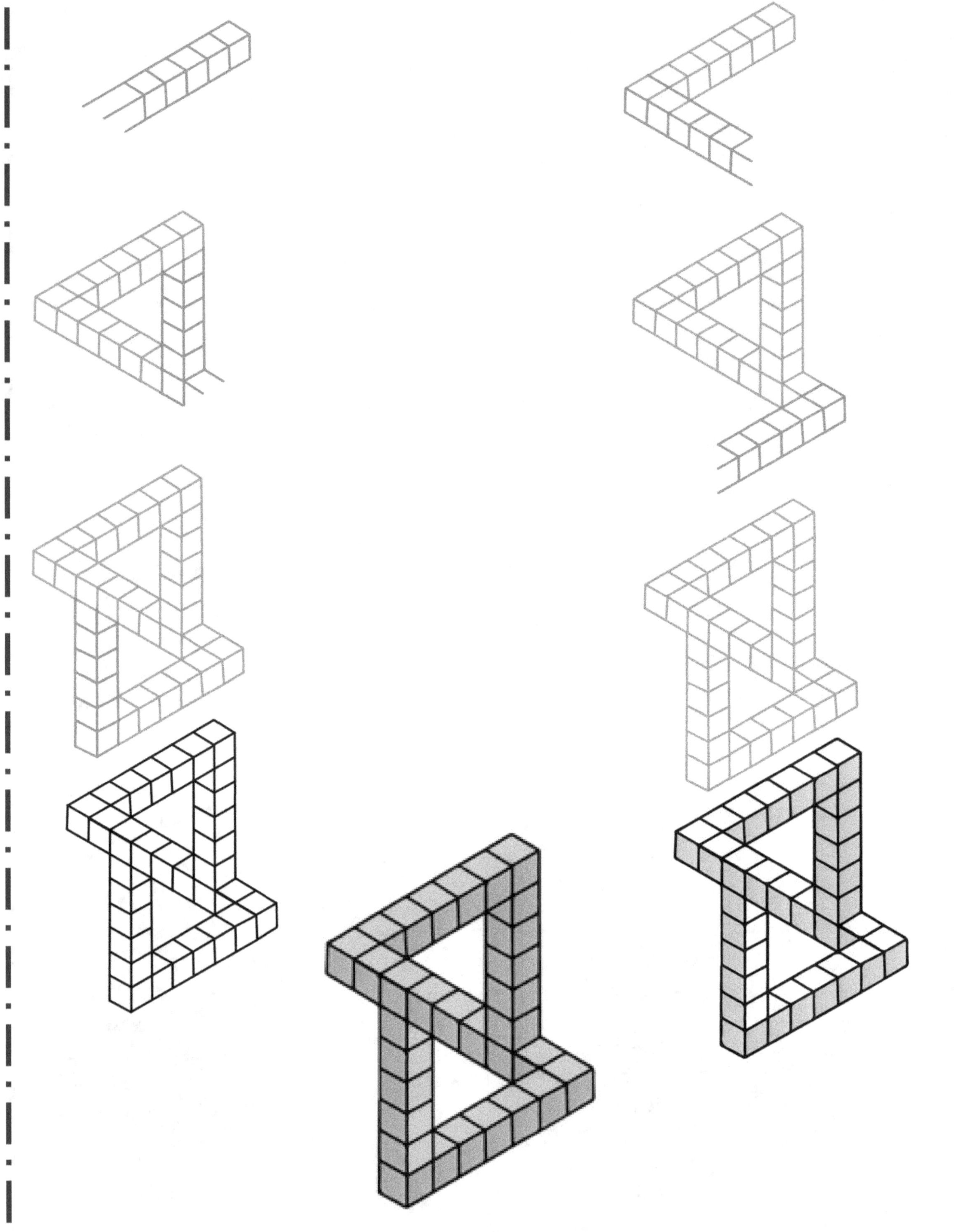

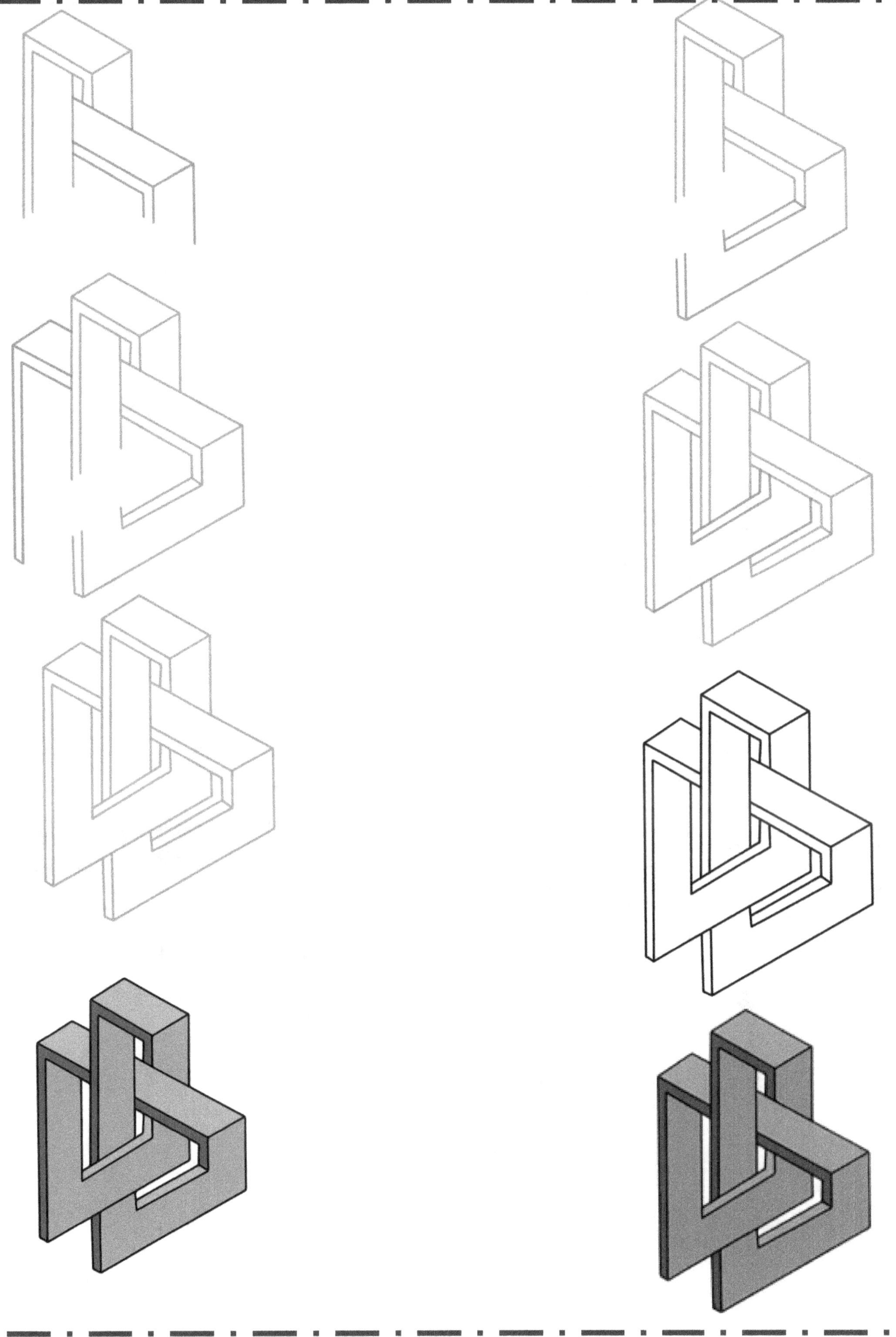

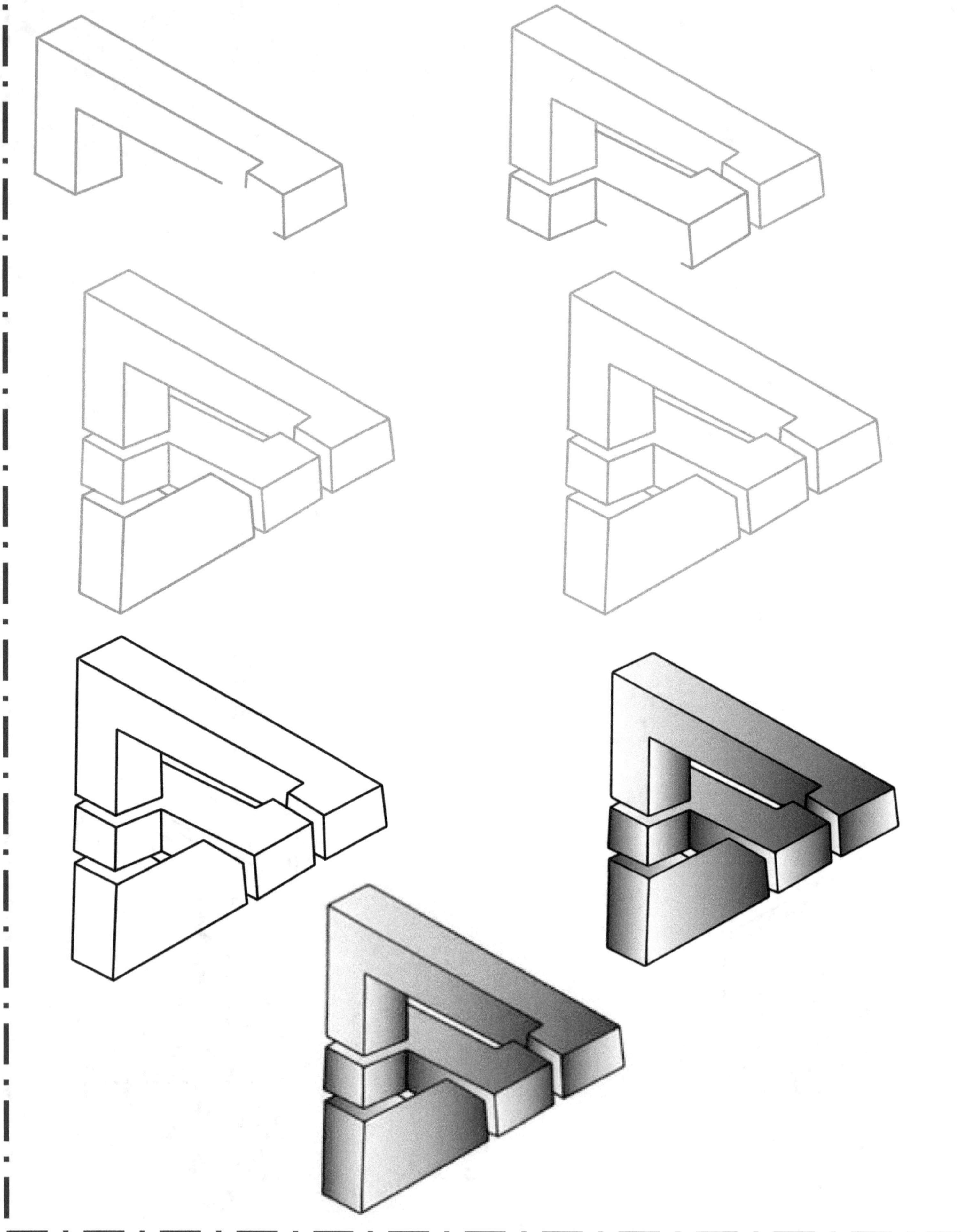

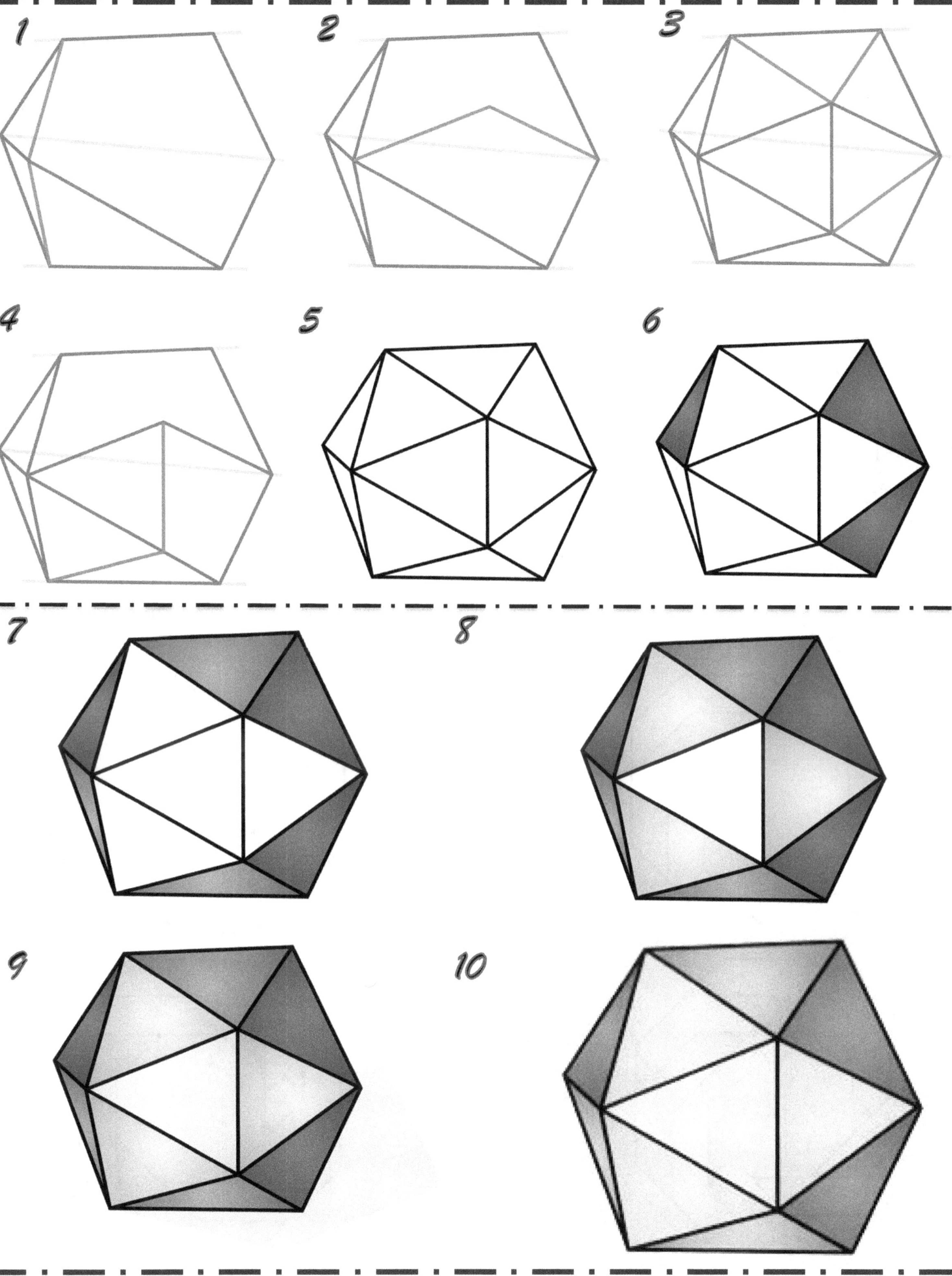
1
2
3
4
5
6
7
8
9
10

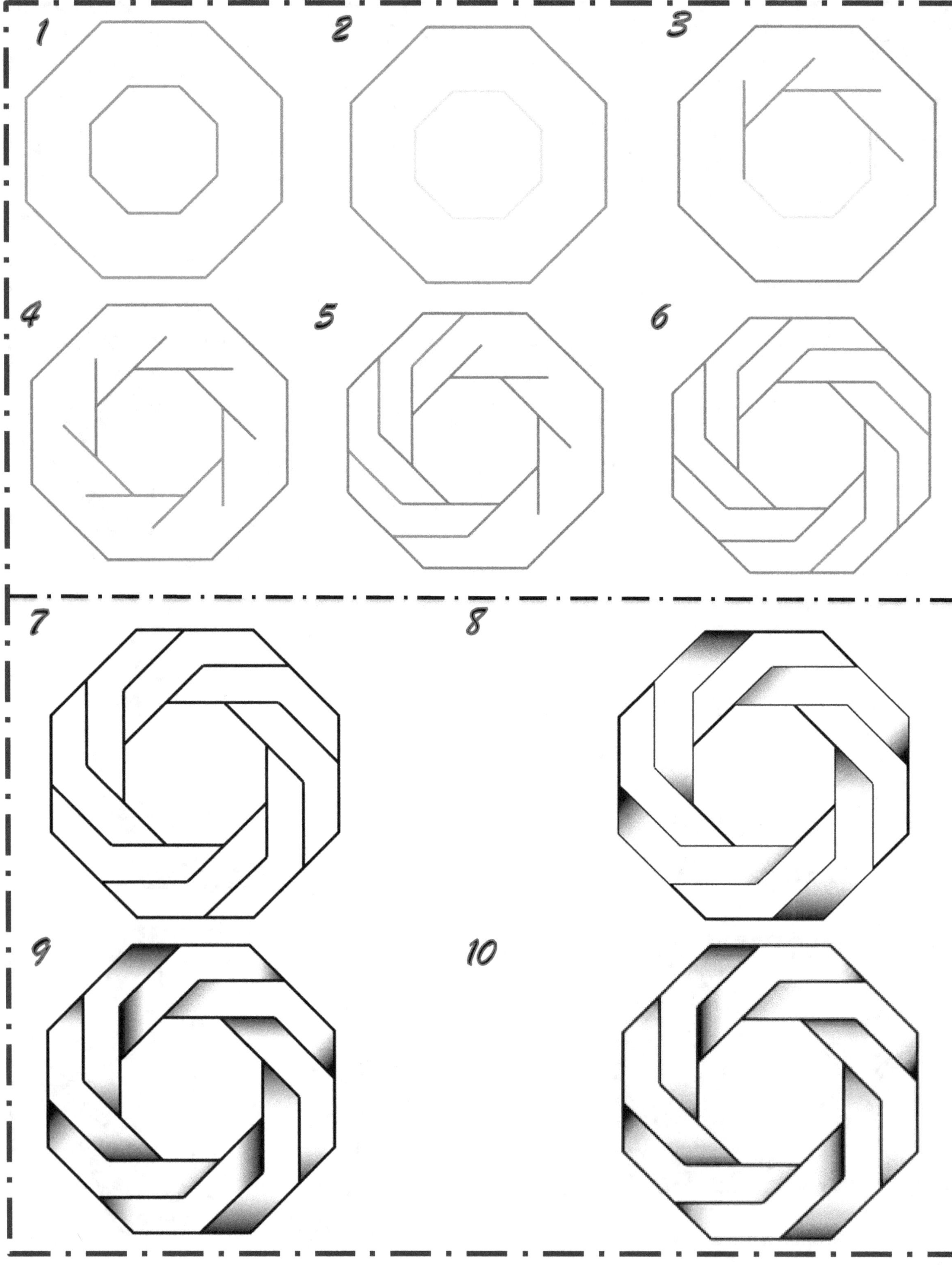
1
2
3
4
5
6
7
8
9
10

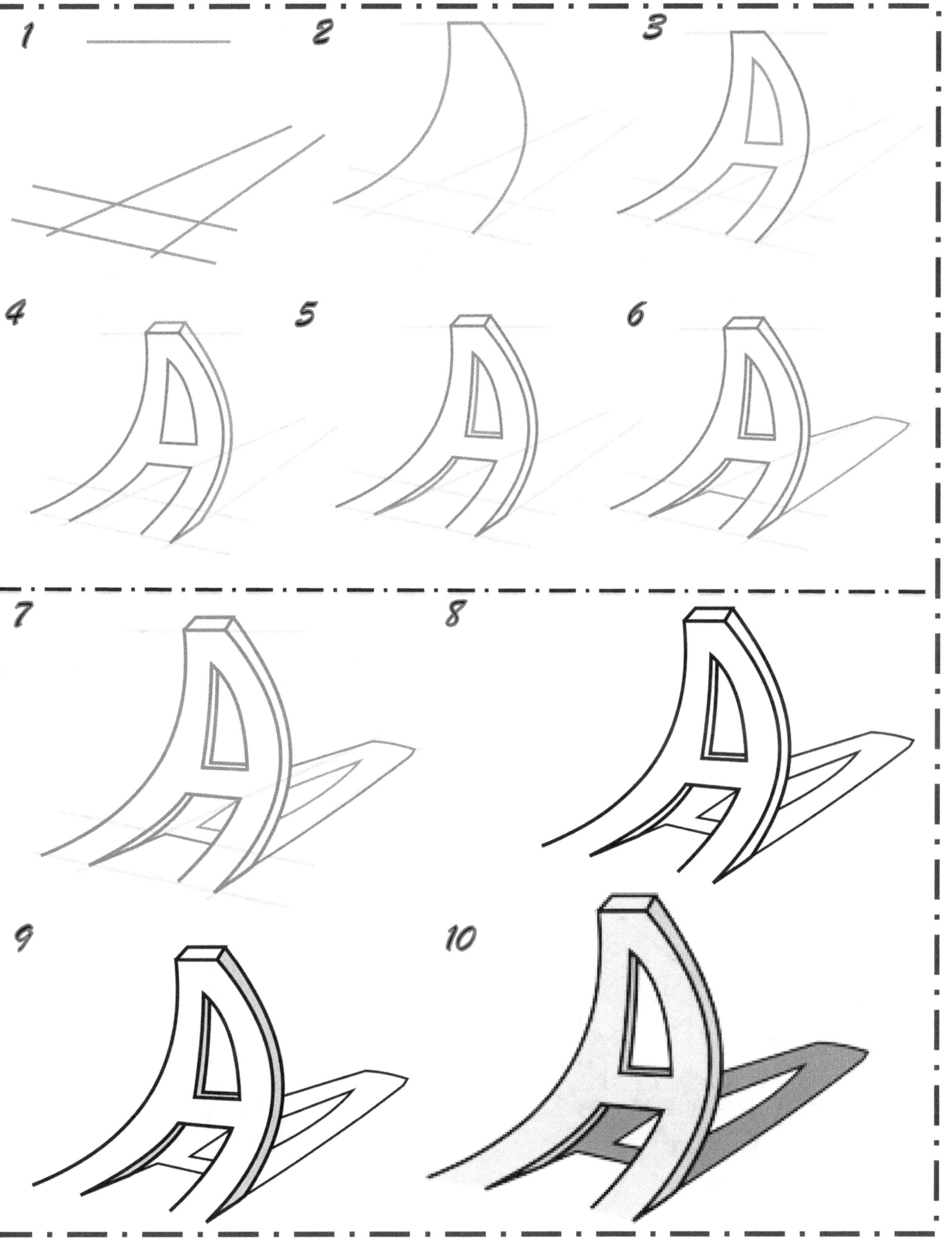
1
2
3
4
5
6
7
8
9
10

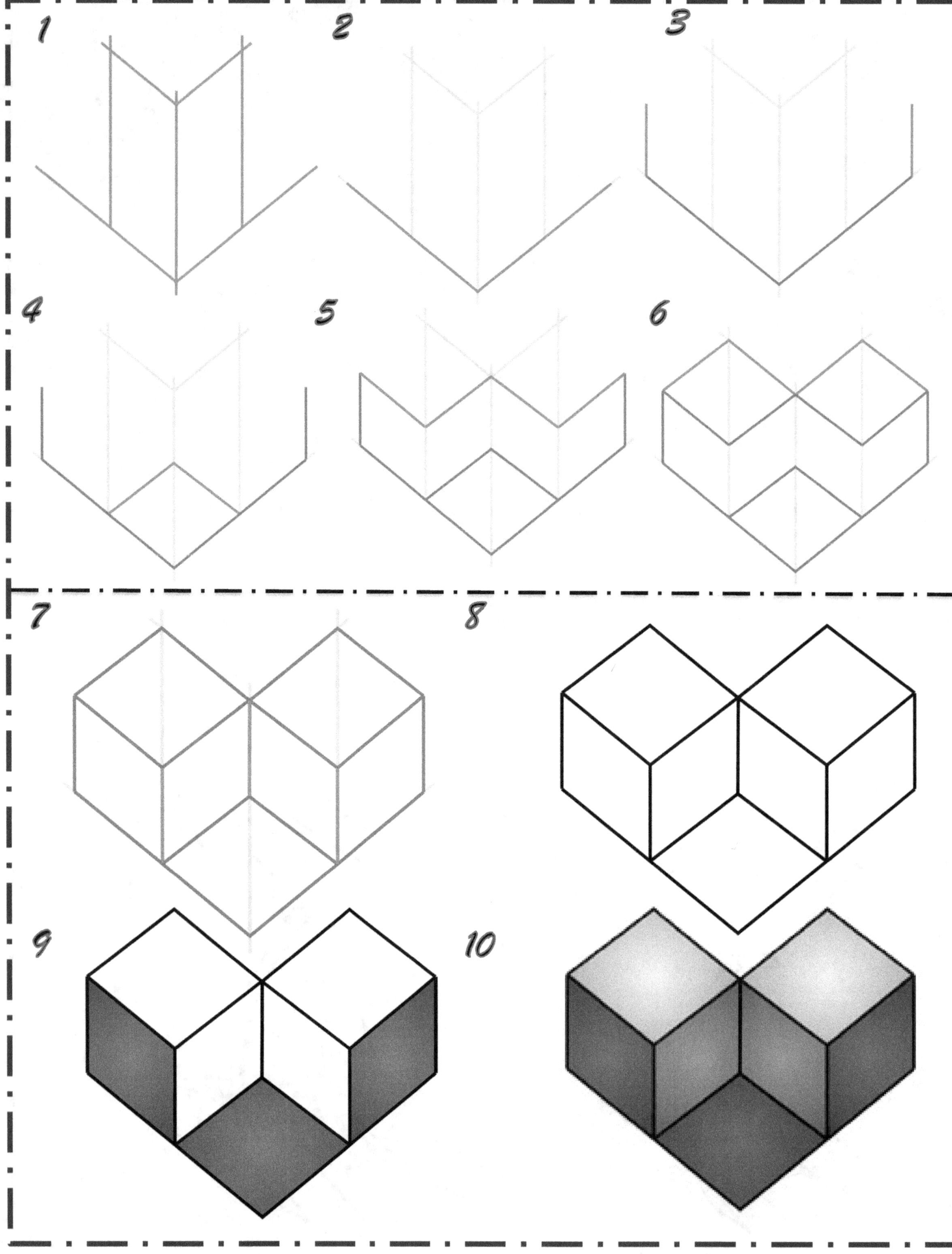
1
2
3
4
5
6
7
8
9
10

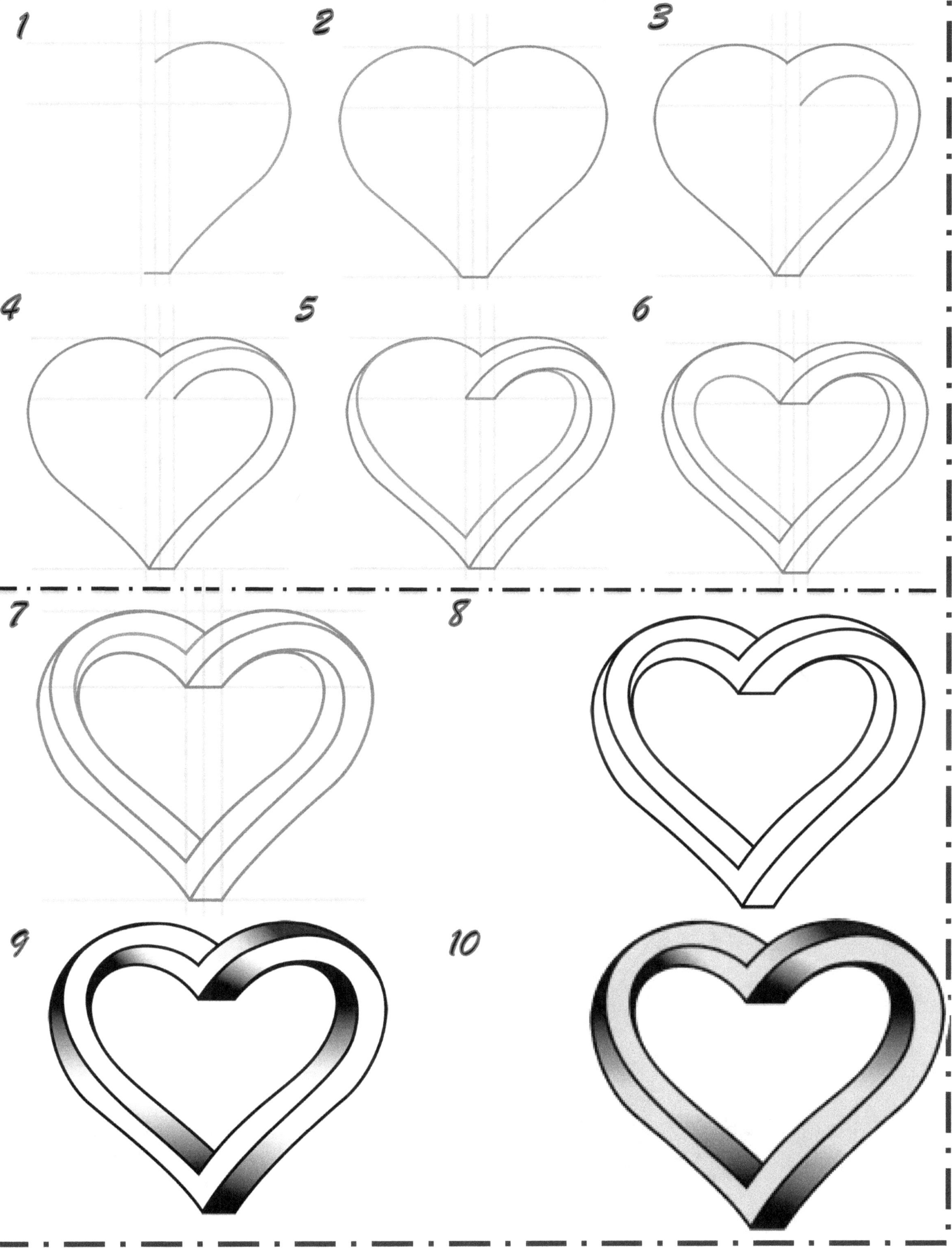
1
2
3
4
5
6
7
8
9
10

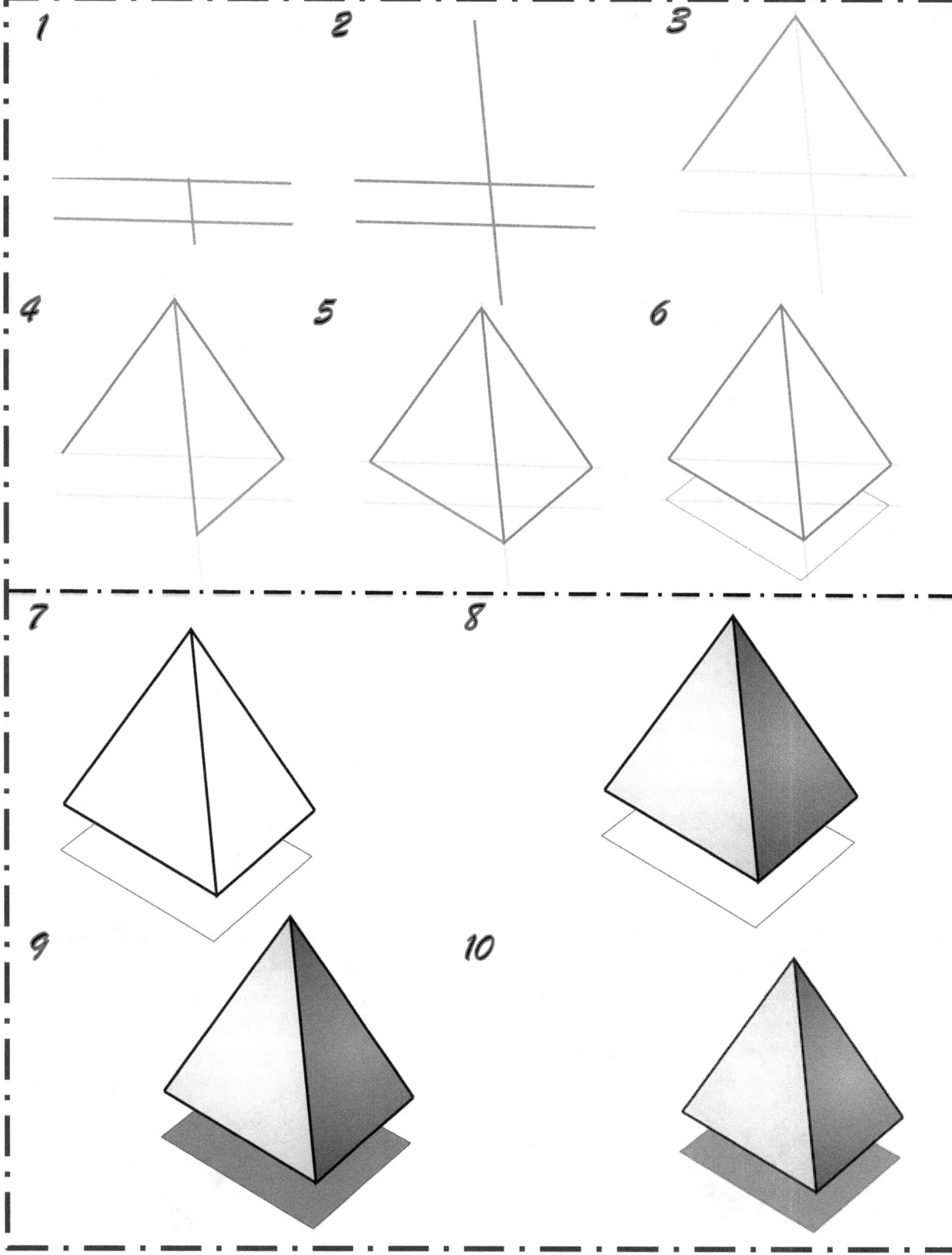
1
2
3
4
5
6
7
8
9
10

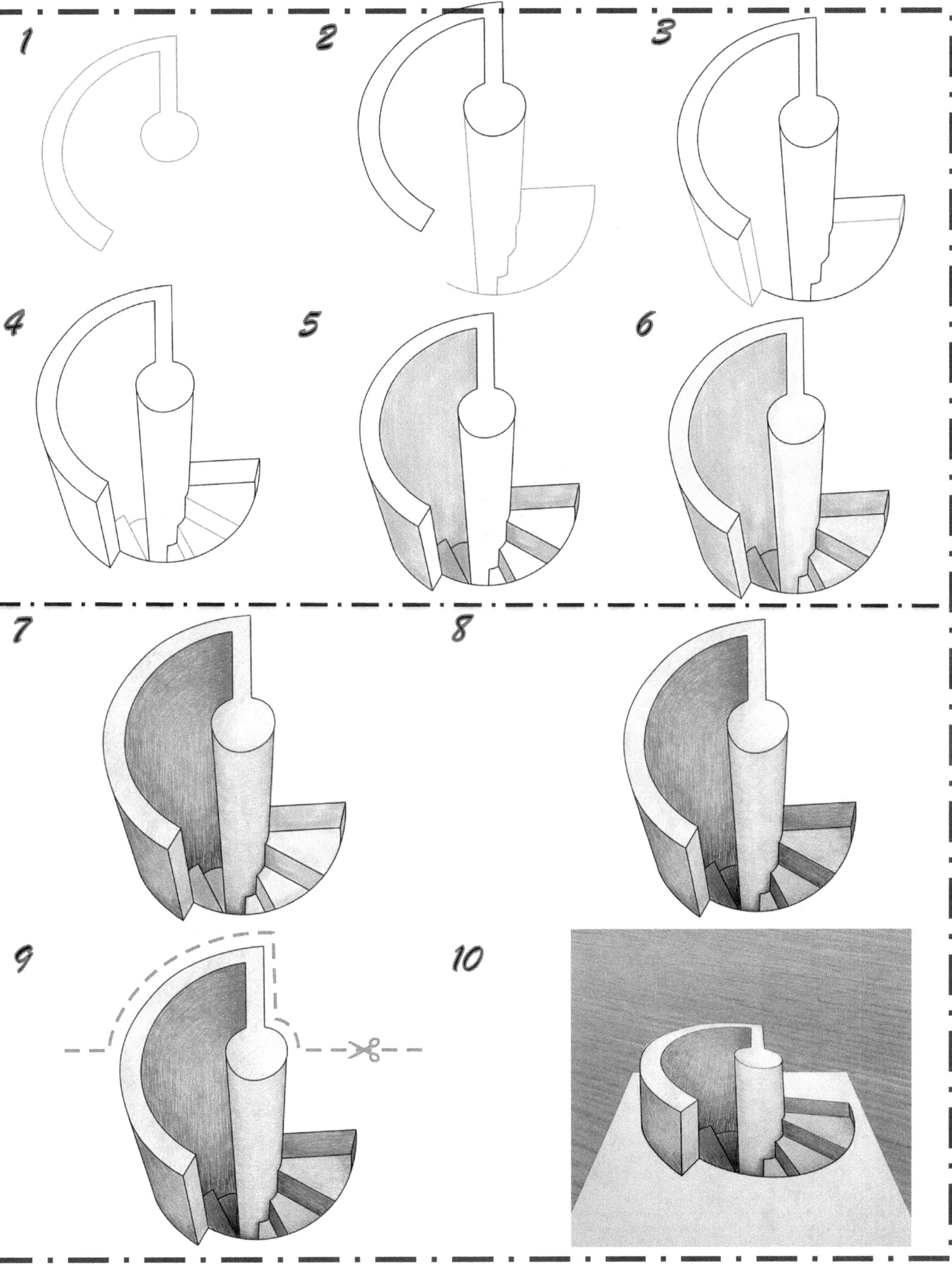
1
2
3
4
5
6
7
8
9
10

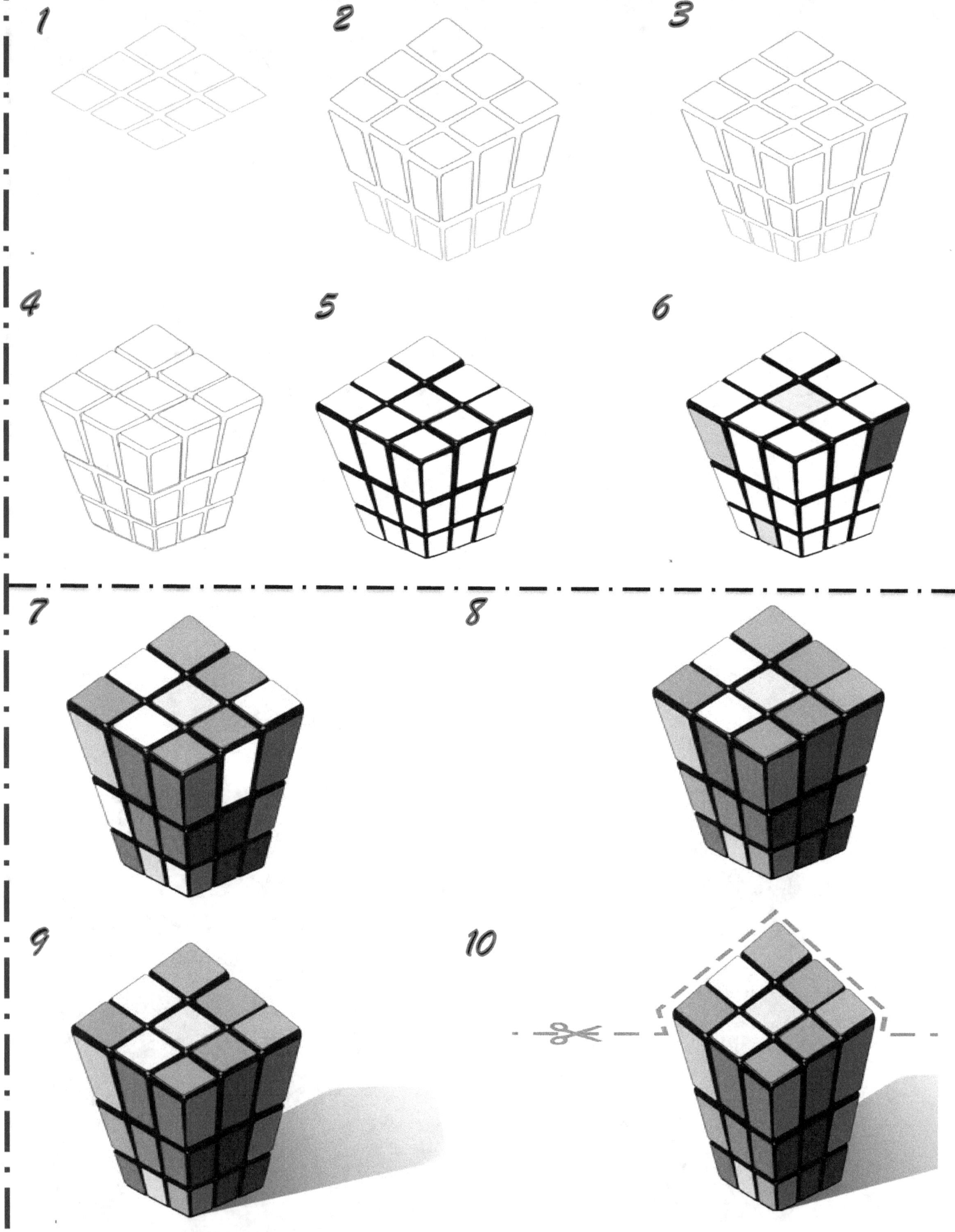

1
2
3
4
5
6
7
8
9
10

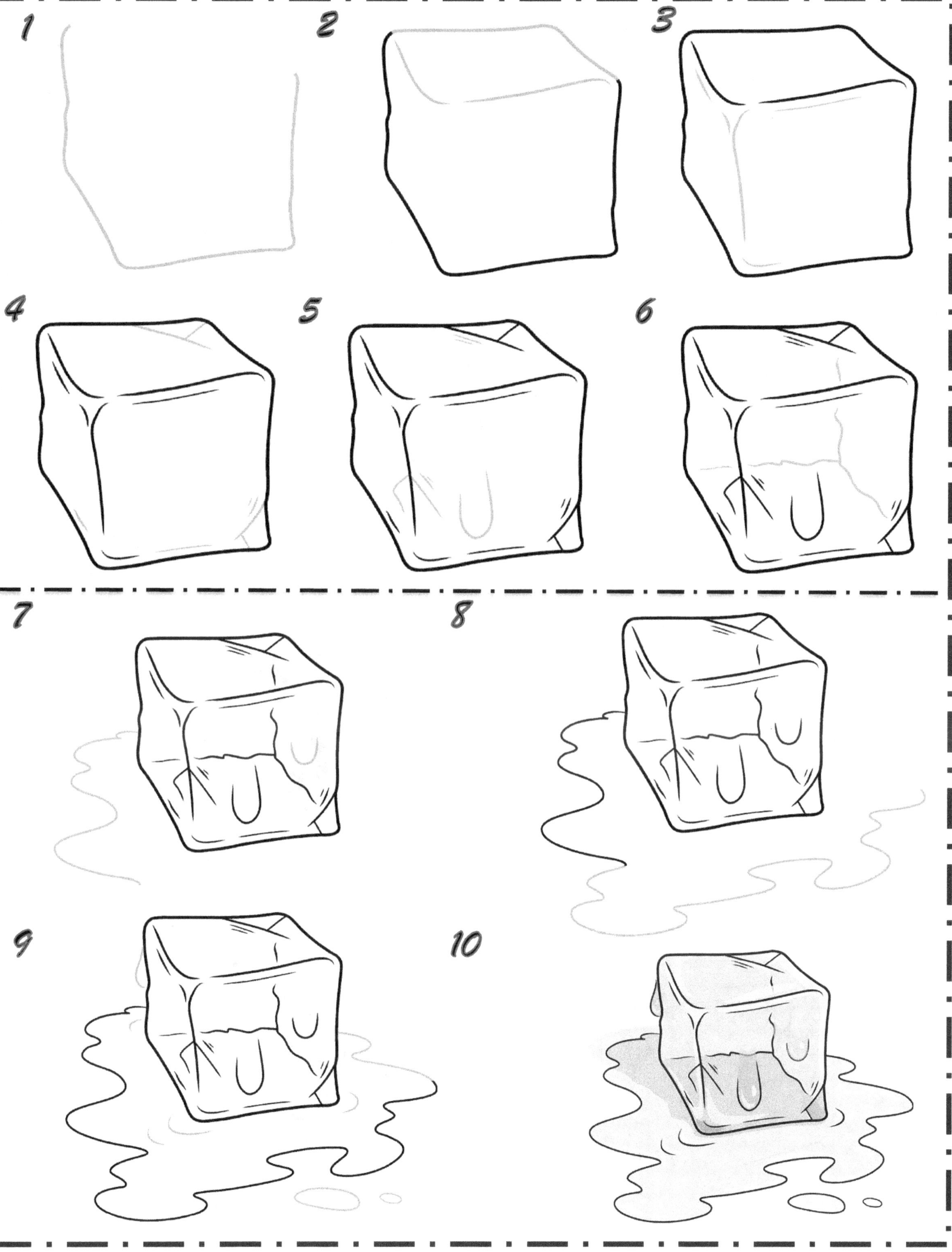
1
2
3
4
5
6
7
8
9
10

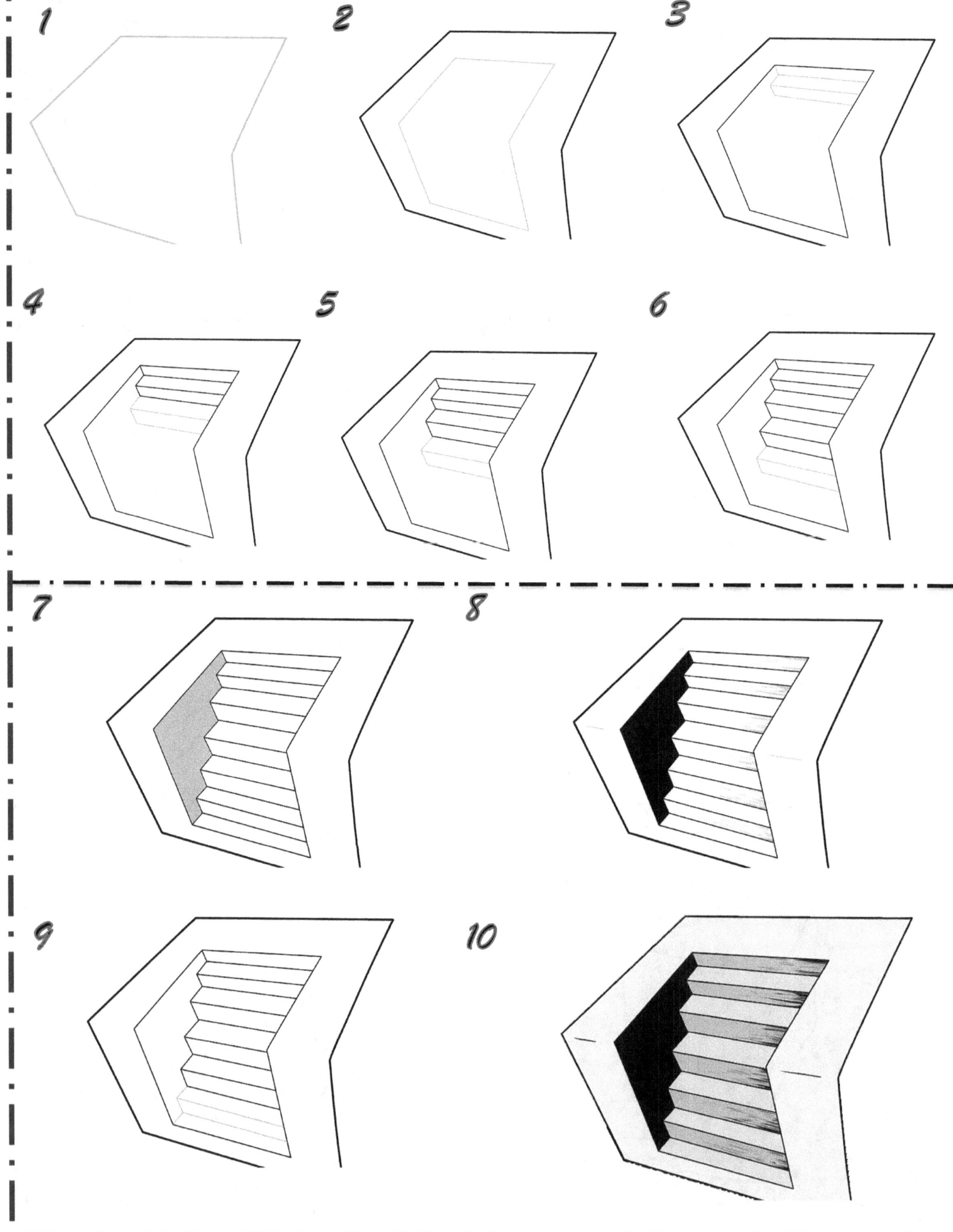
1
2
3
4
5
6
7
8
9
10

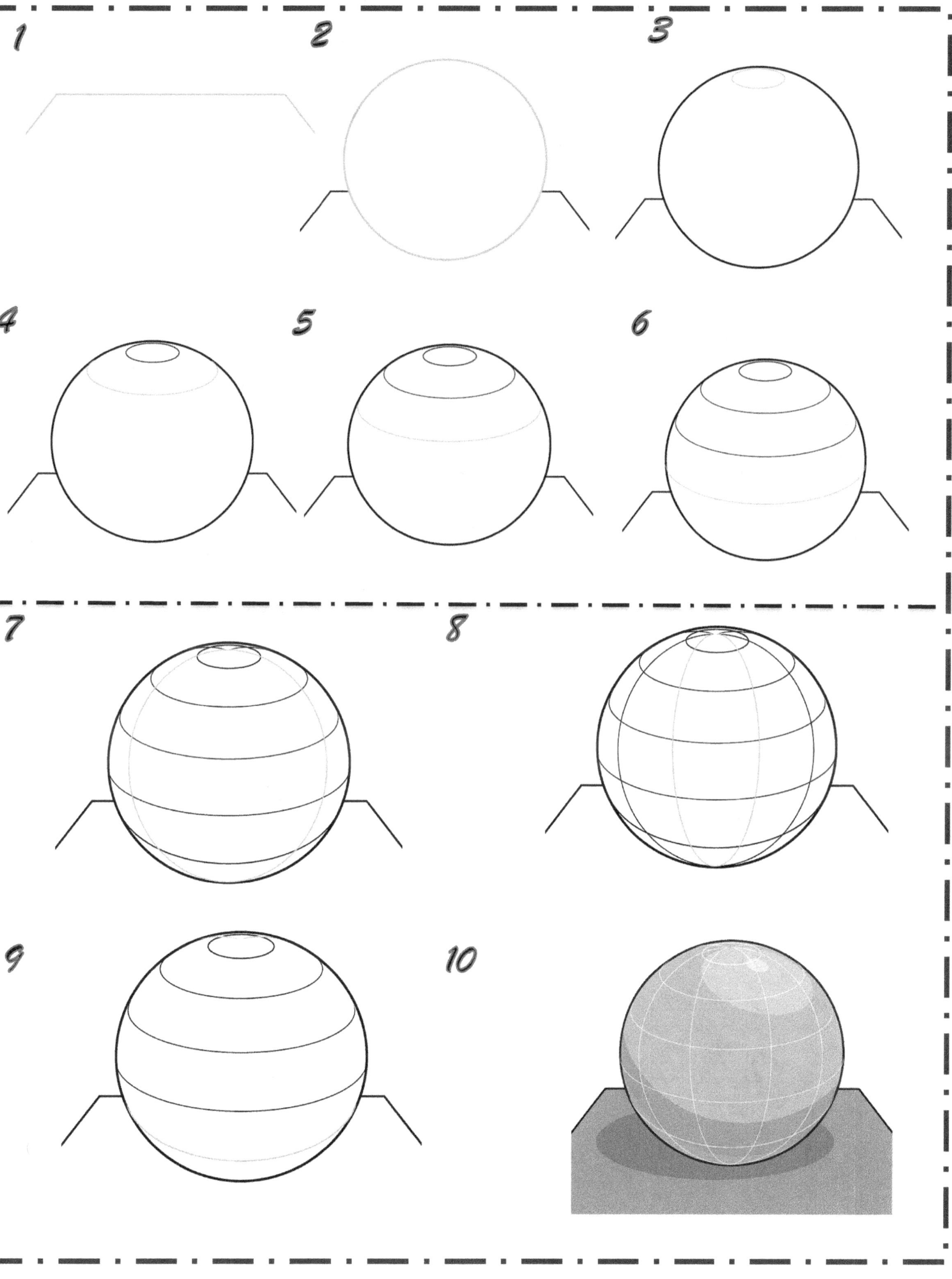
1
2
3
4
5
6
7
8
9
10

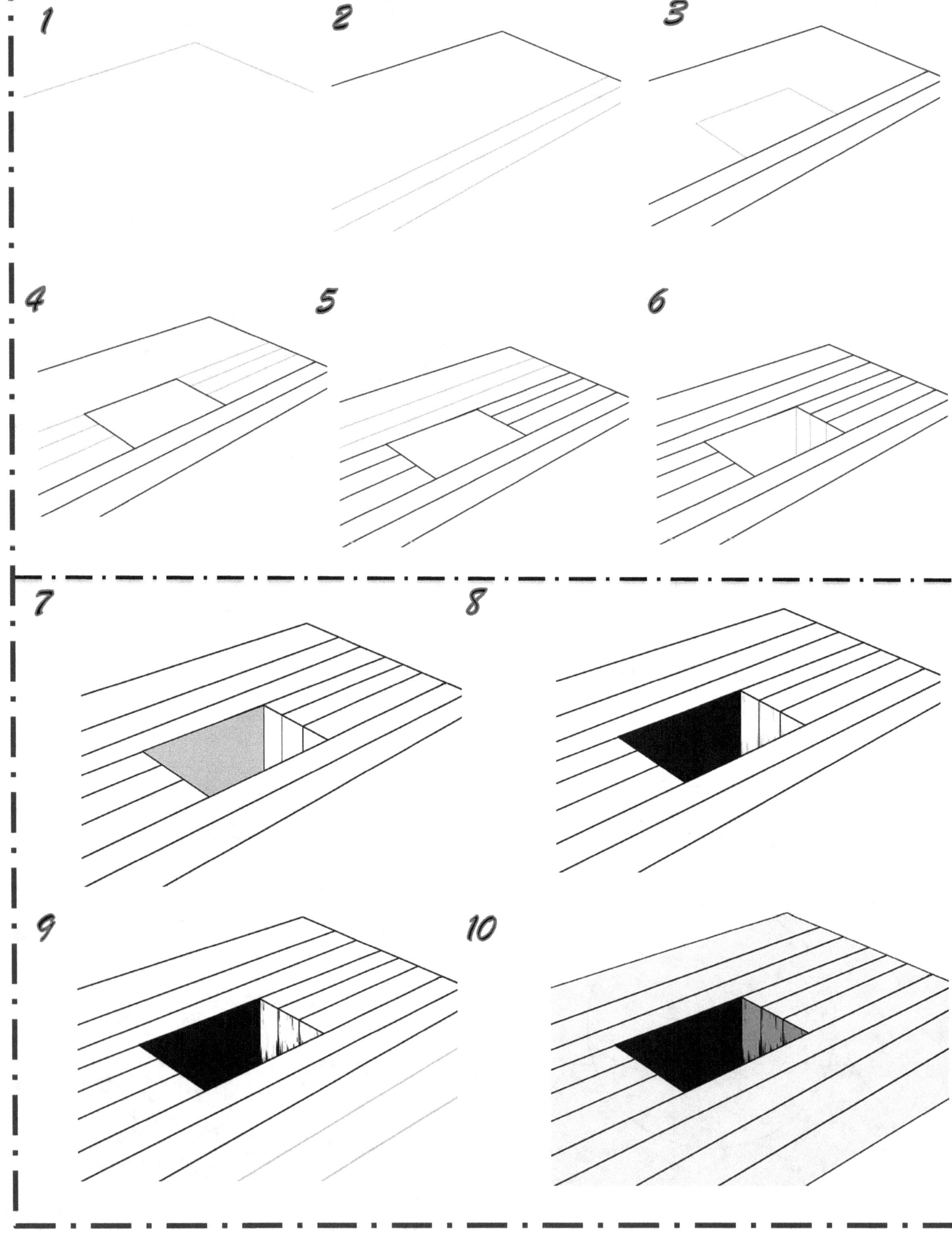
1
2
3
4
5
6
7
8
9
10

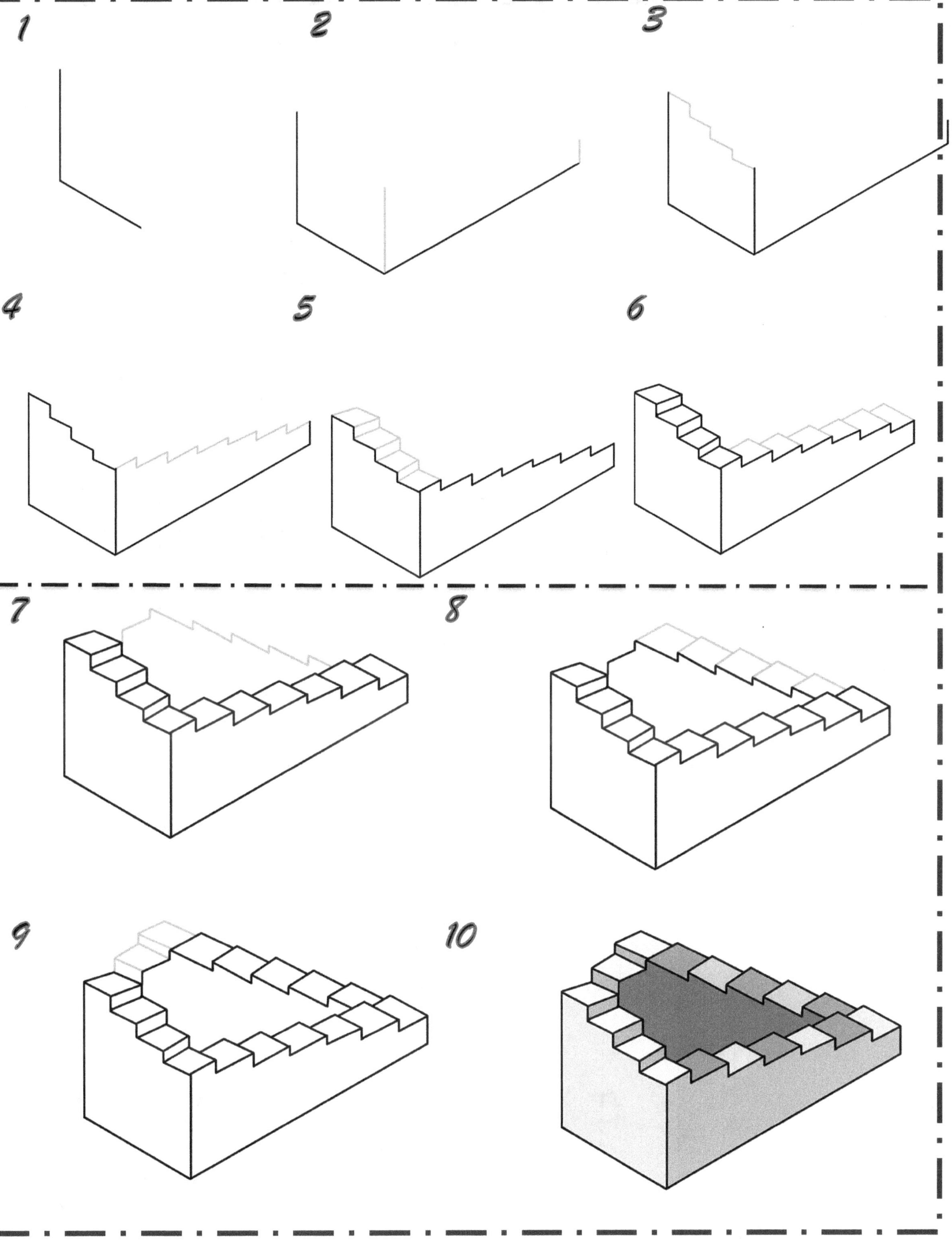
1
2
3
4
5
6
7
8
9
10

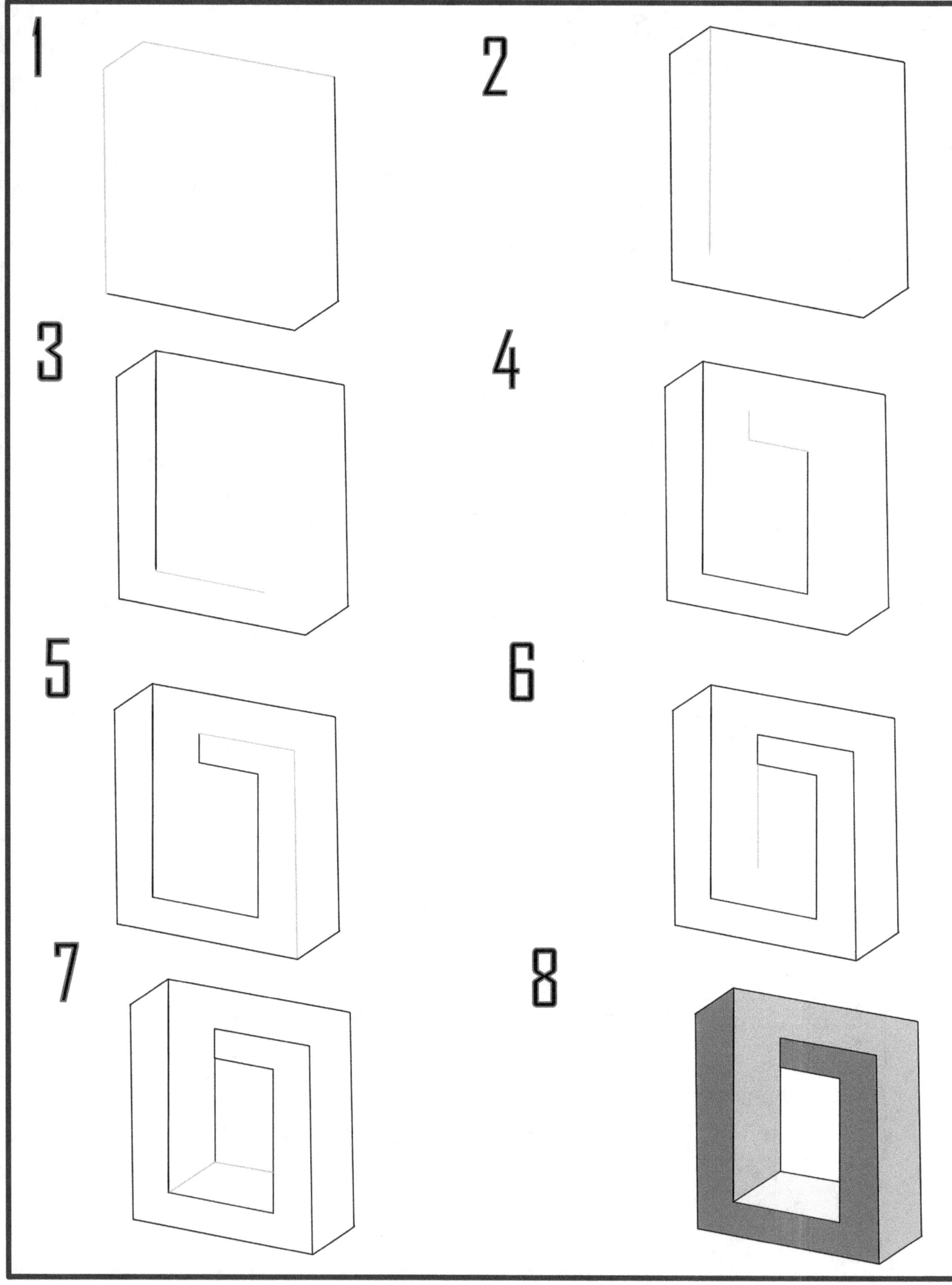
1
2
3
4
5
6
7
8

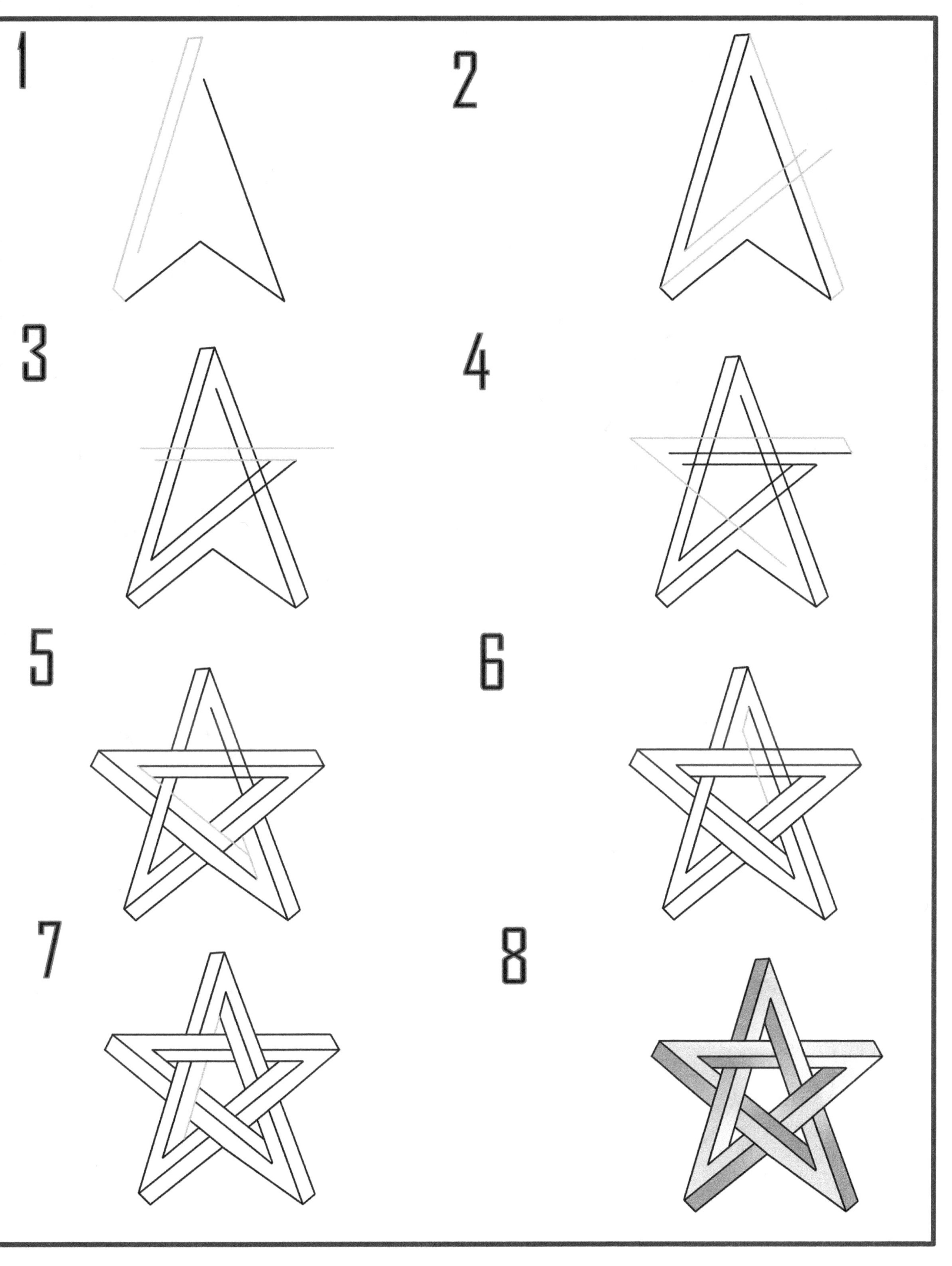
1
2
3
4
5
6
7
8

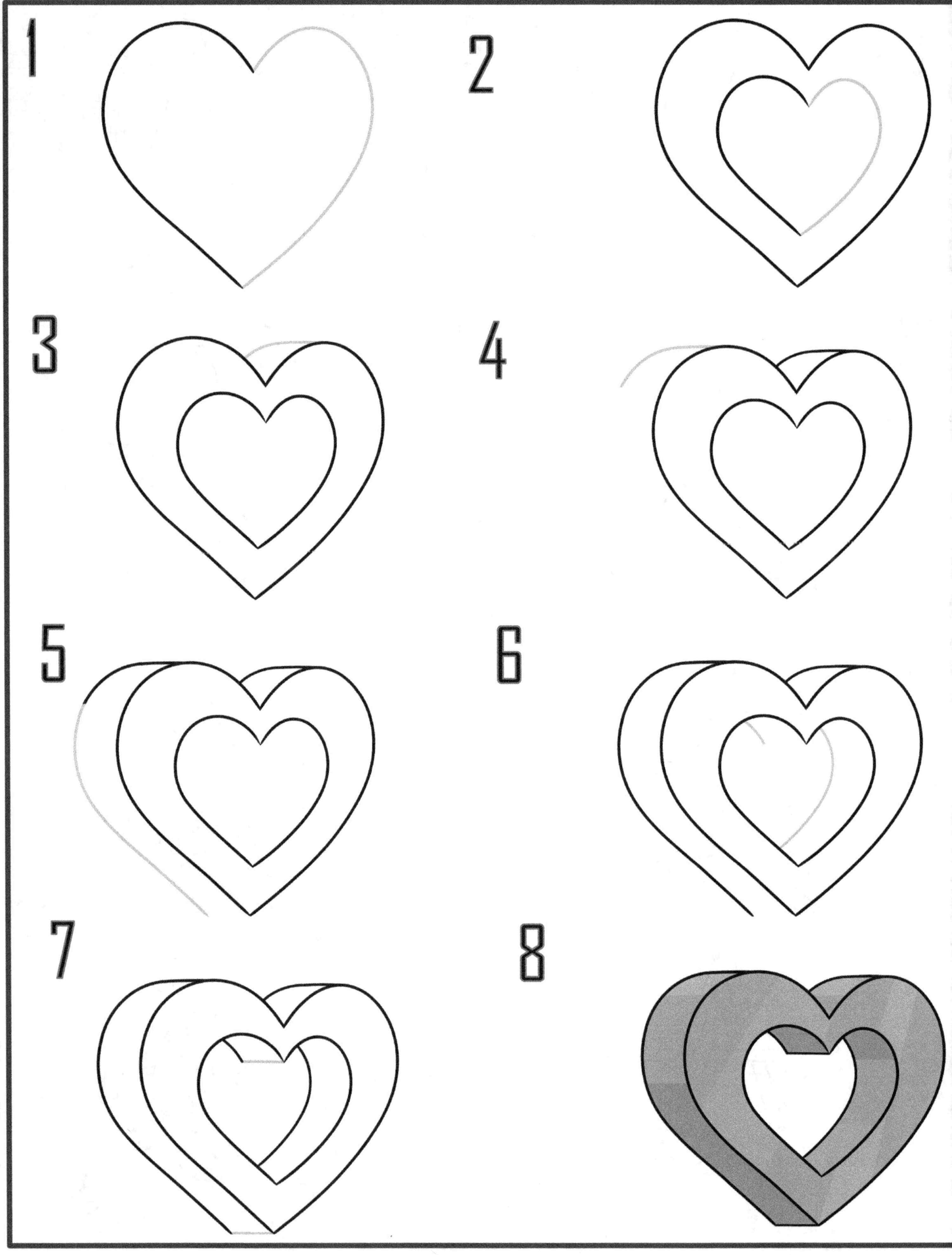
1
2
3
4
5
6
7
8

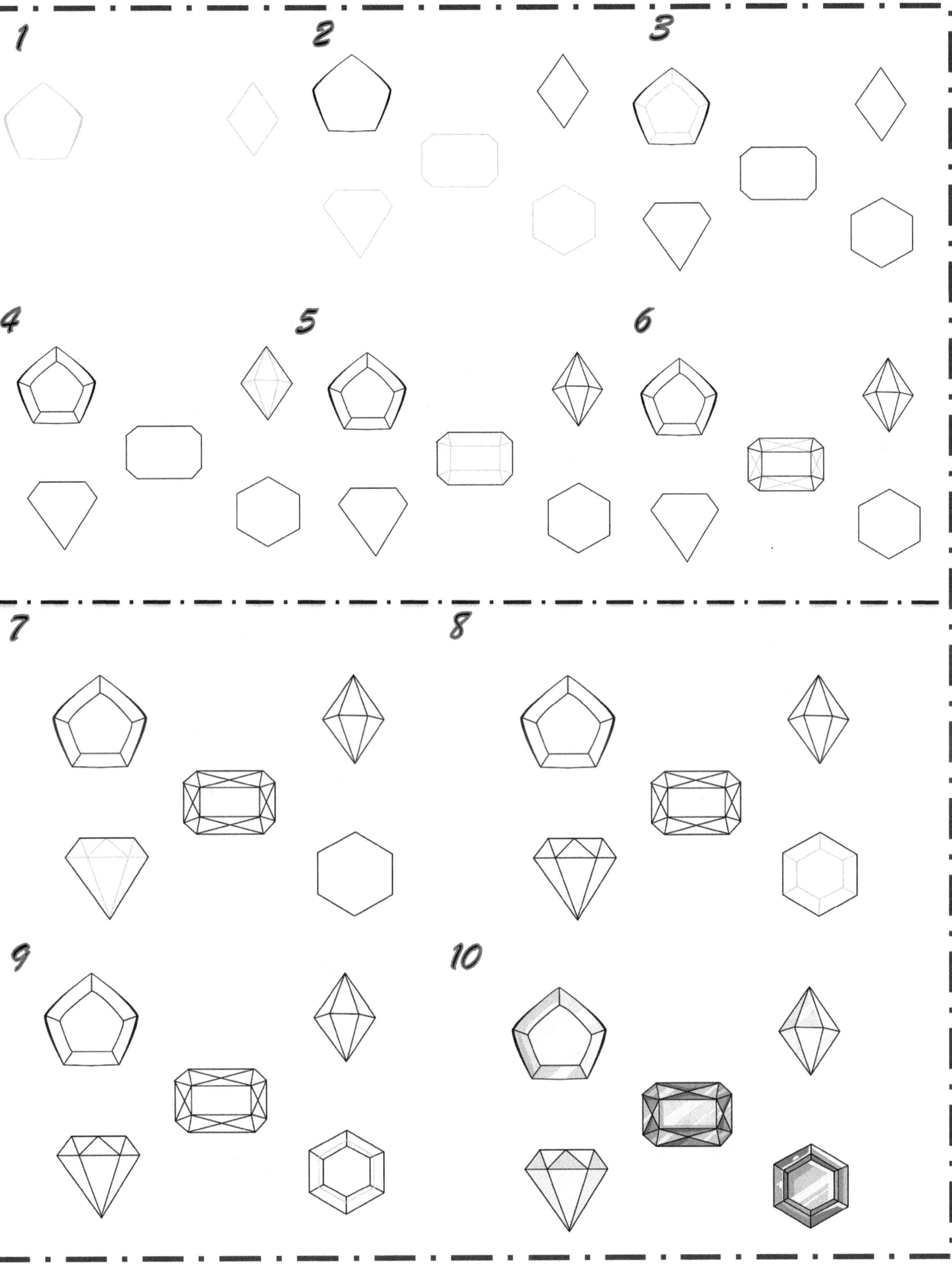

1
2
3
4
5
6
7
8
9
10

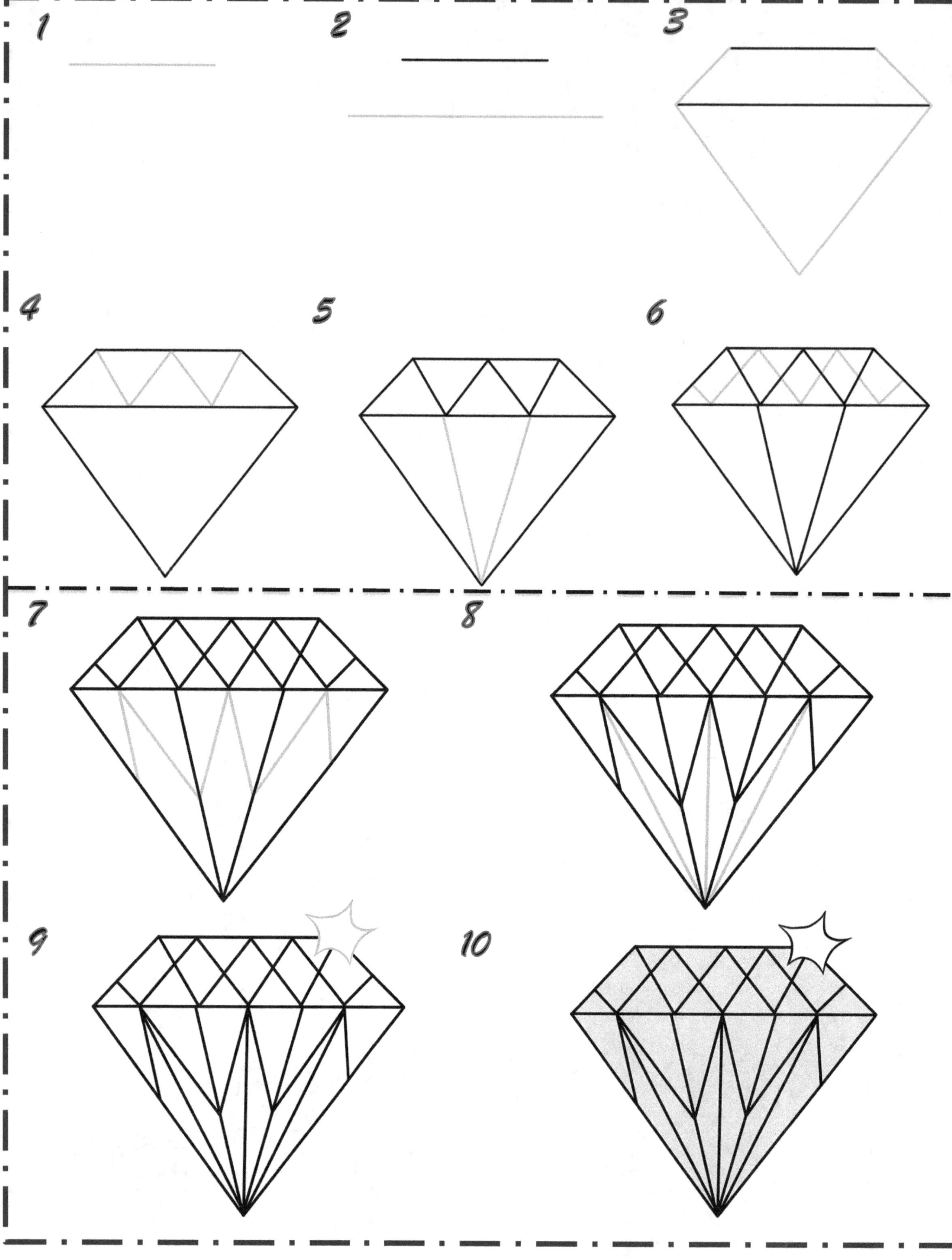
1
2
3
4
5
6
7
8
9
10

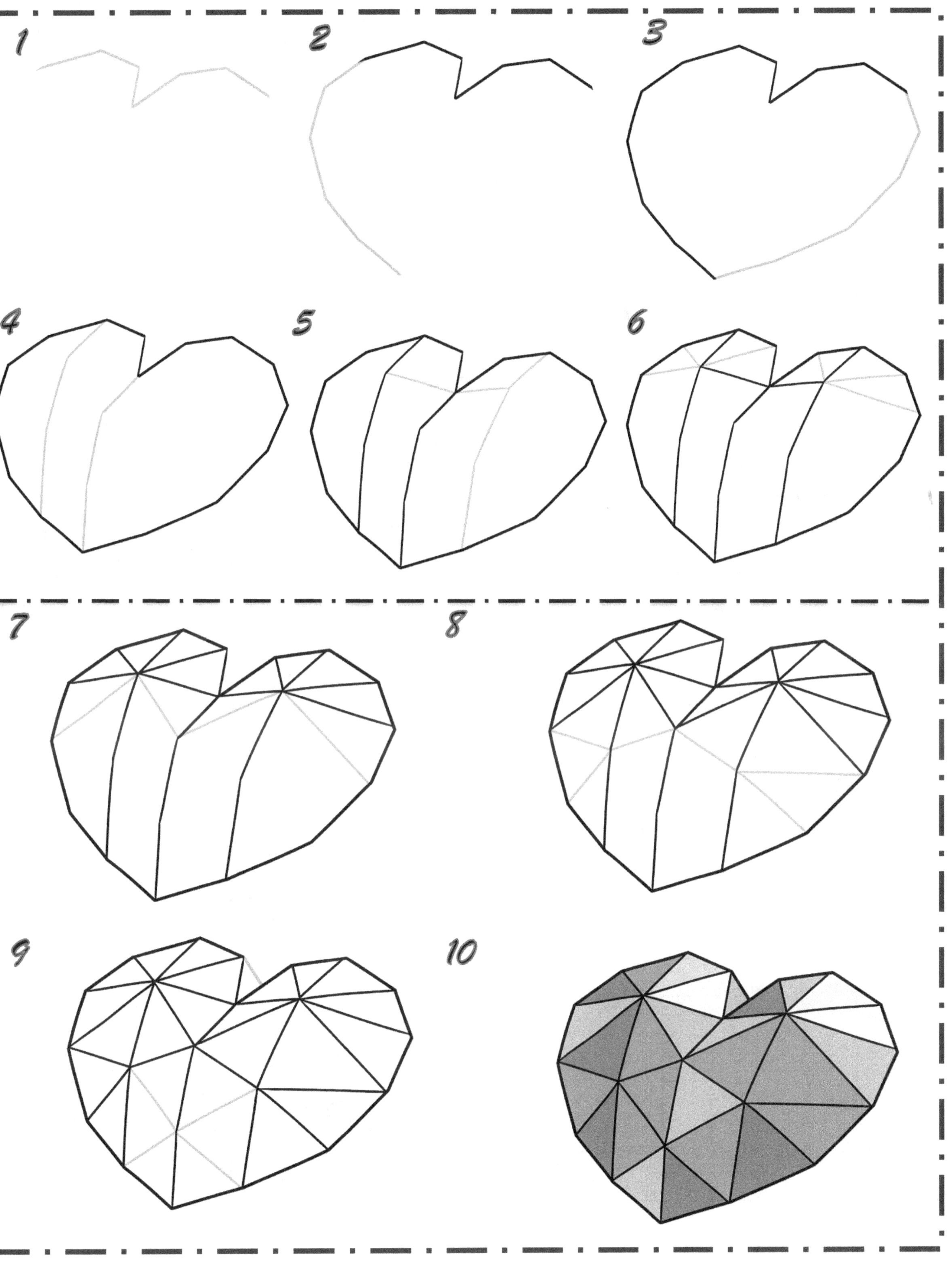
1
2
3
4
5
6
7
8
9
10

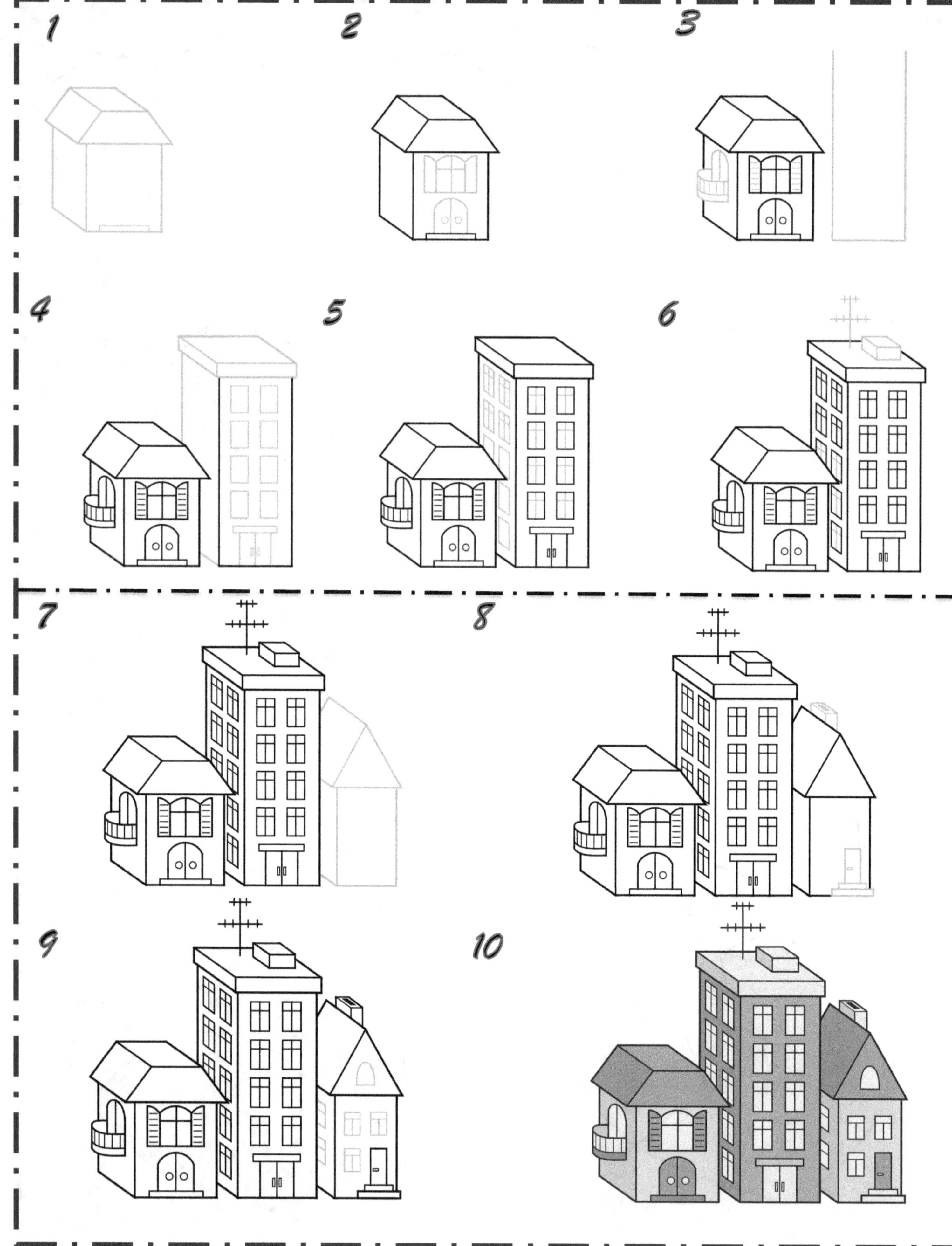
1
2
3
4
5
6
7
8
9
10

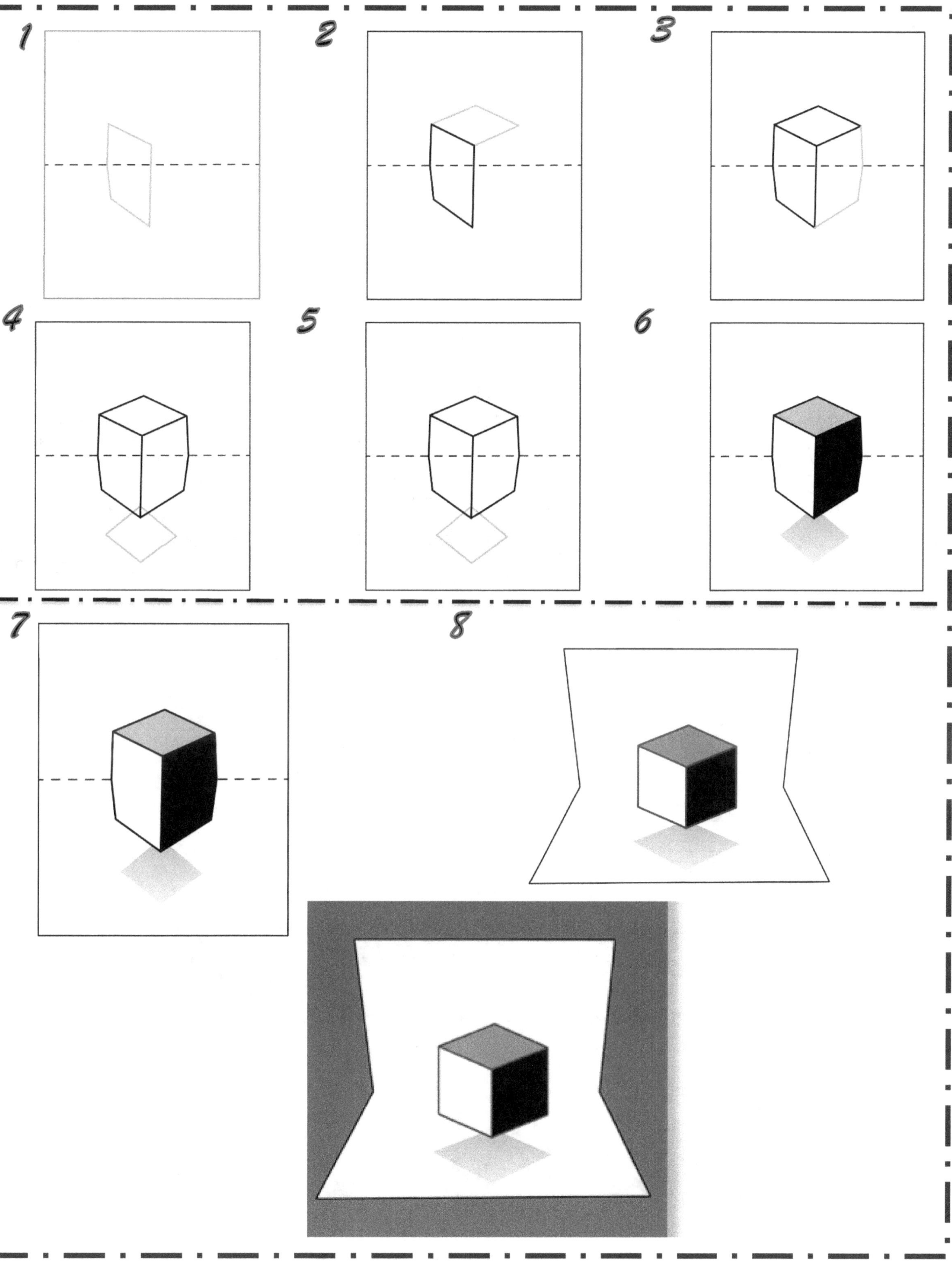
1
2
3
4
5
6
7
8

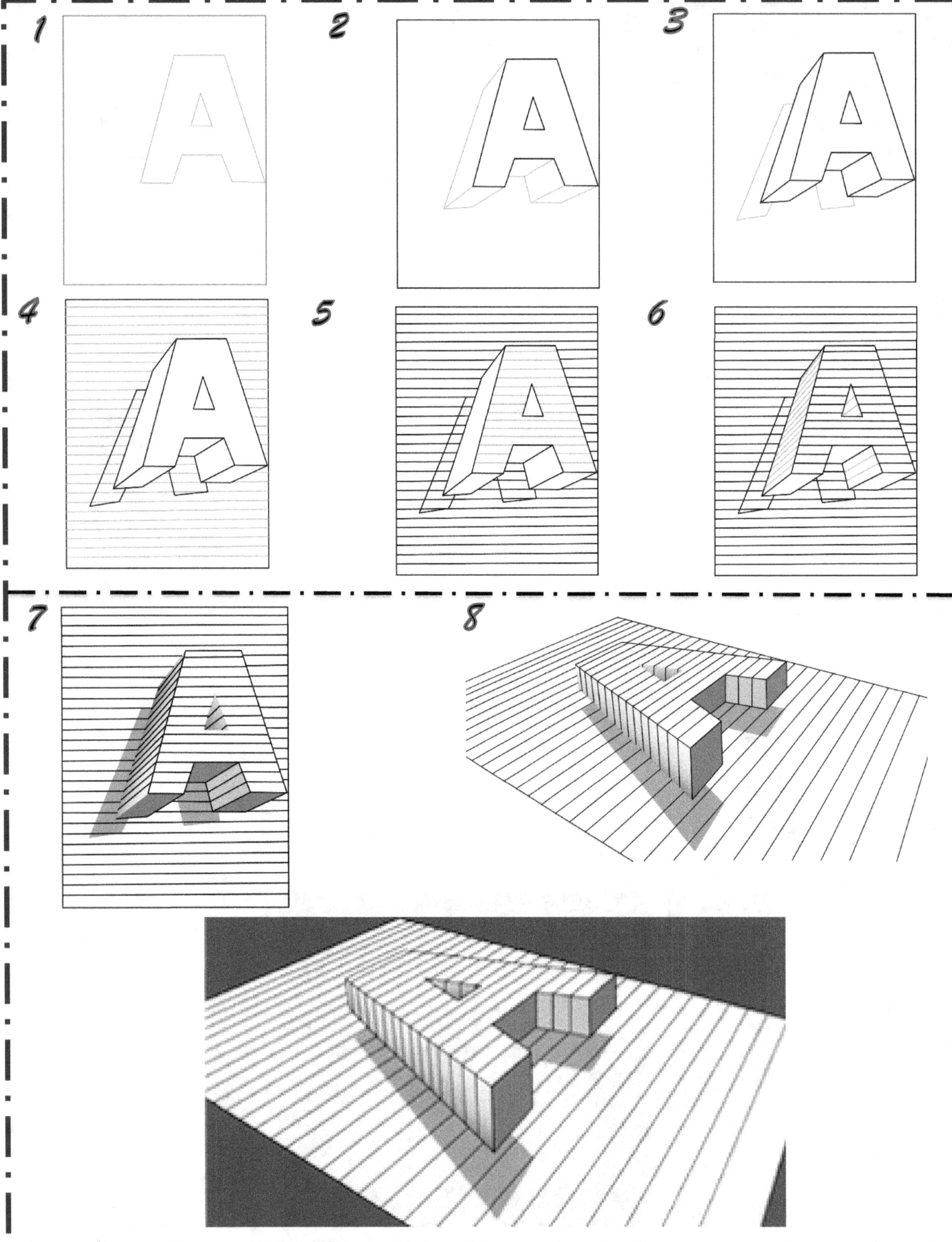
1
2
3
4
5
6
7
8

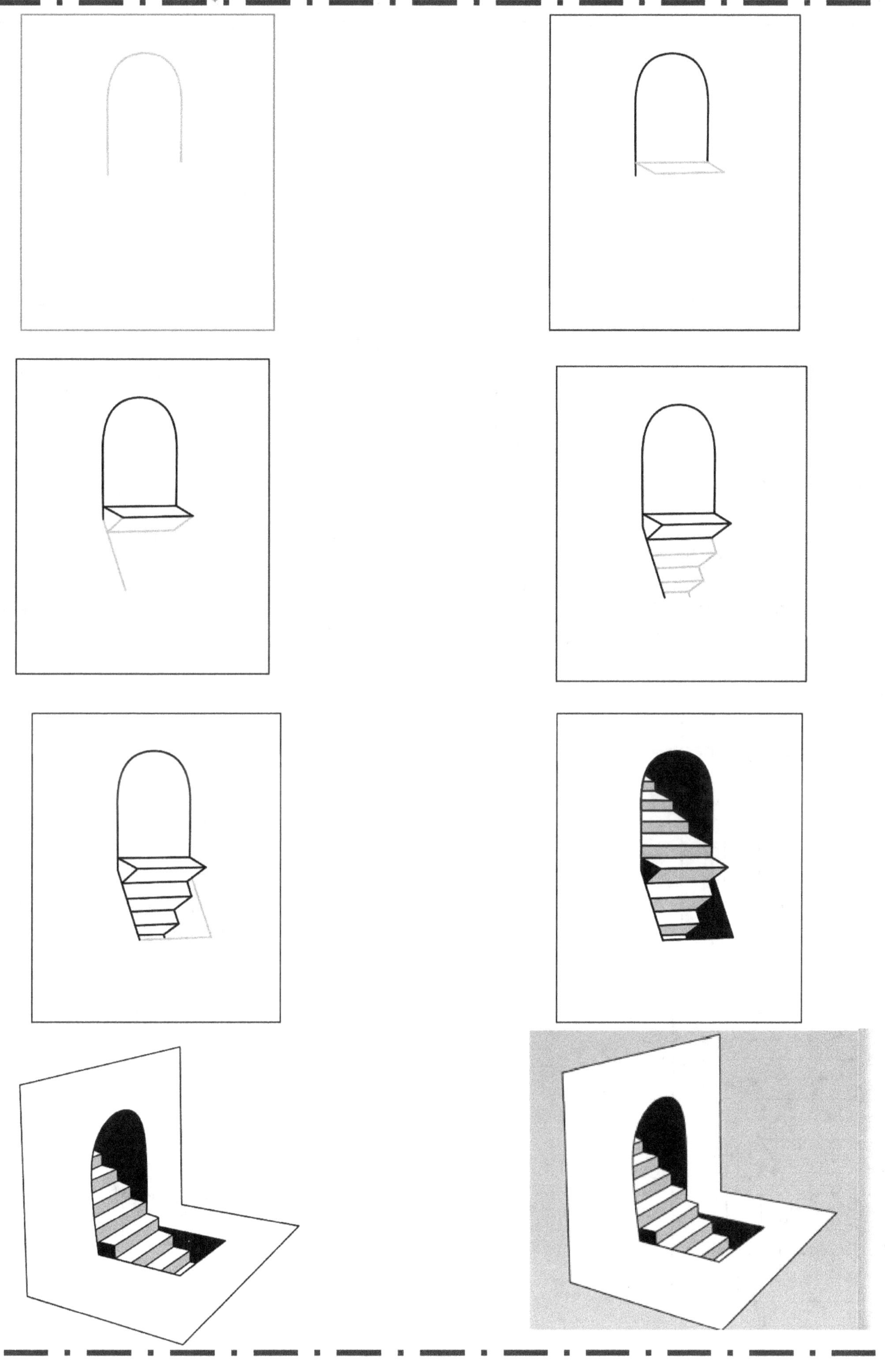

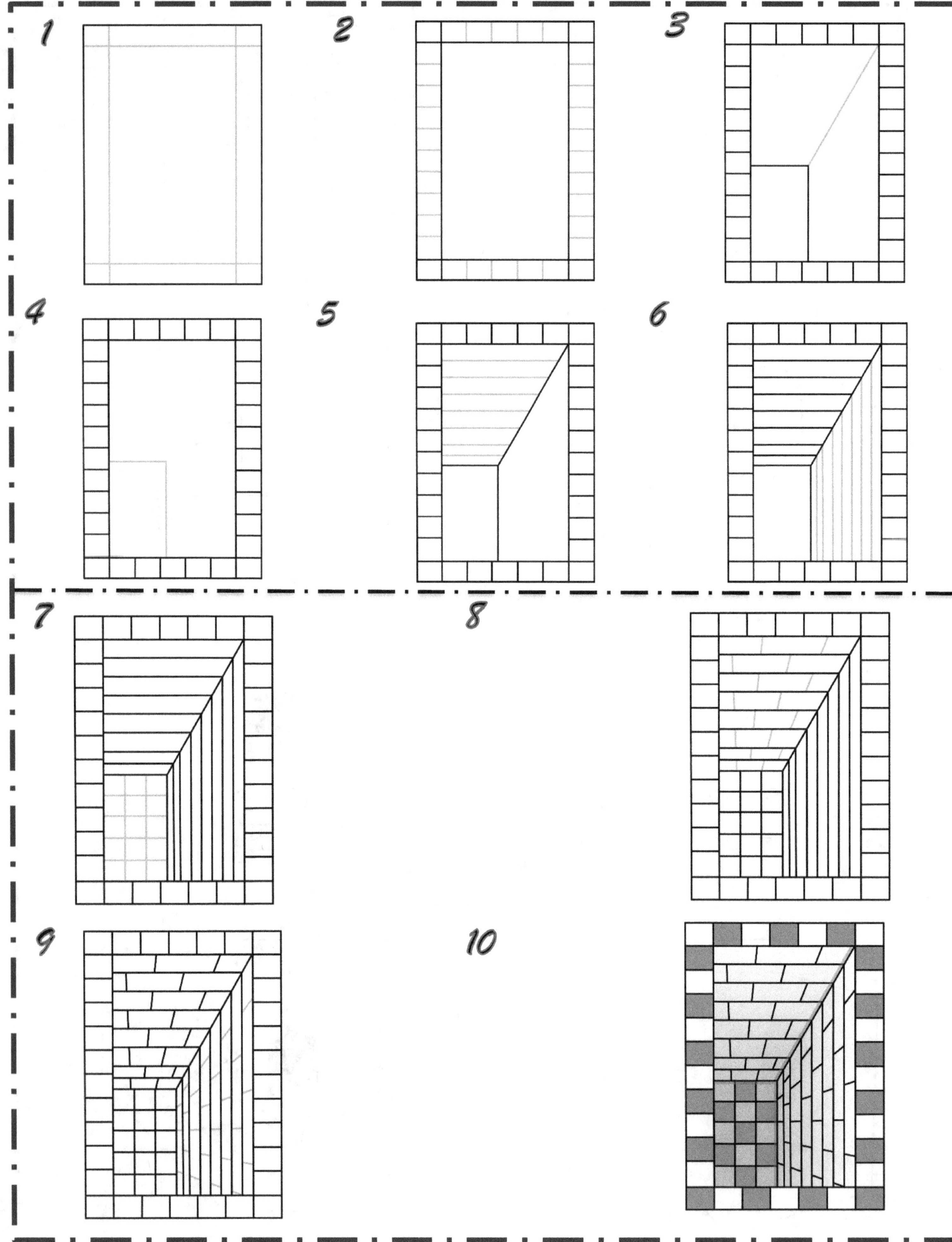
1
2
3
4
5
6
7
8
9
10

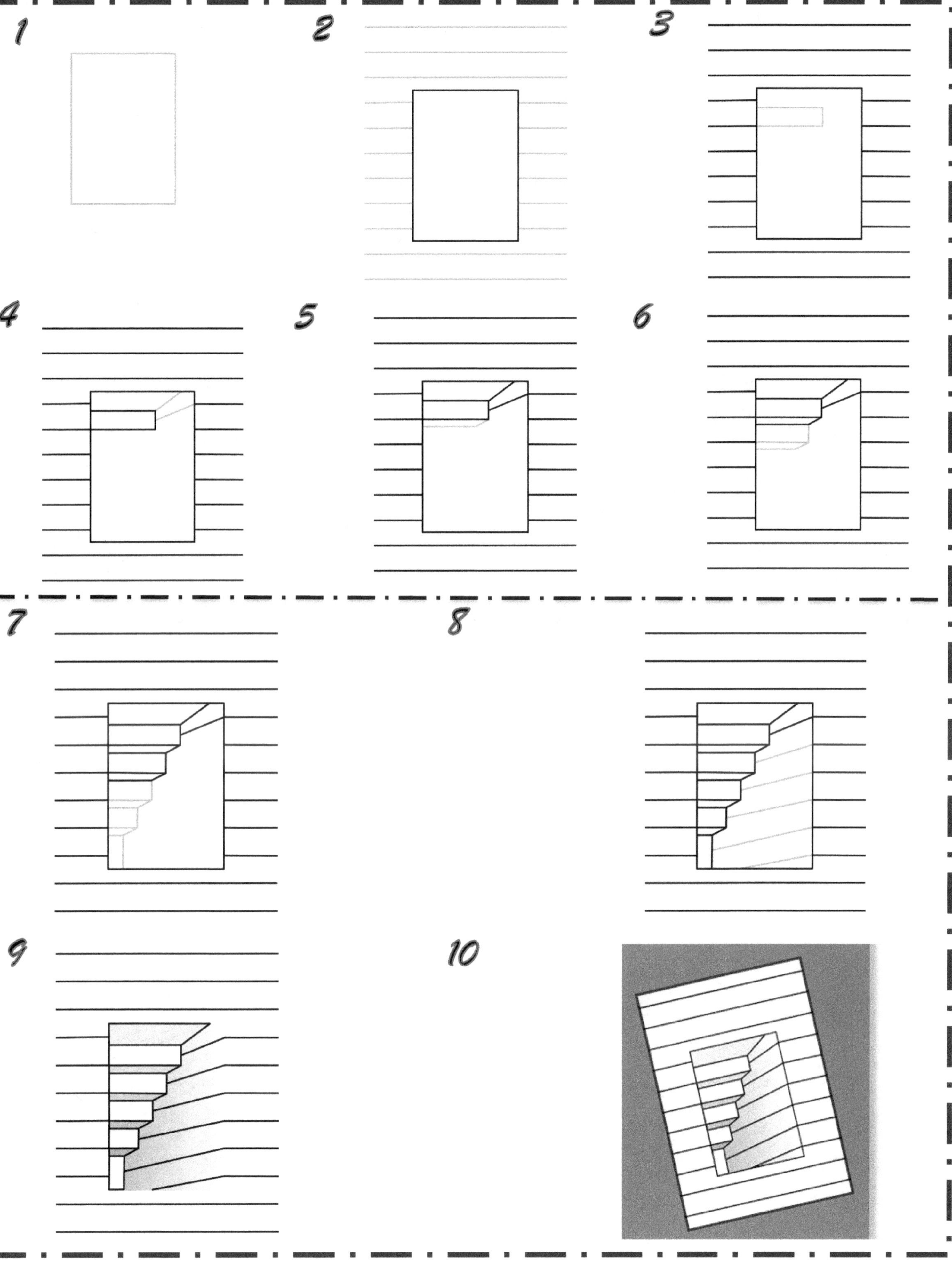
1
2
3
4
5
6
7
8
9
10

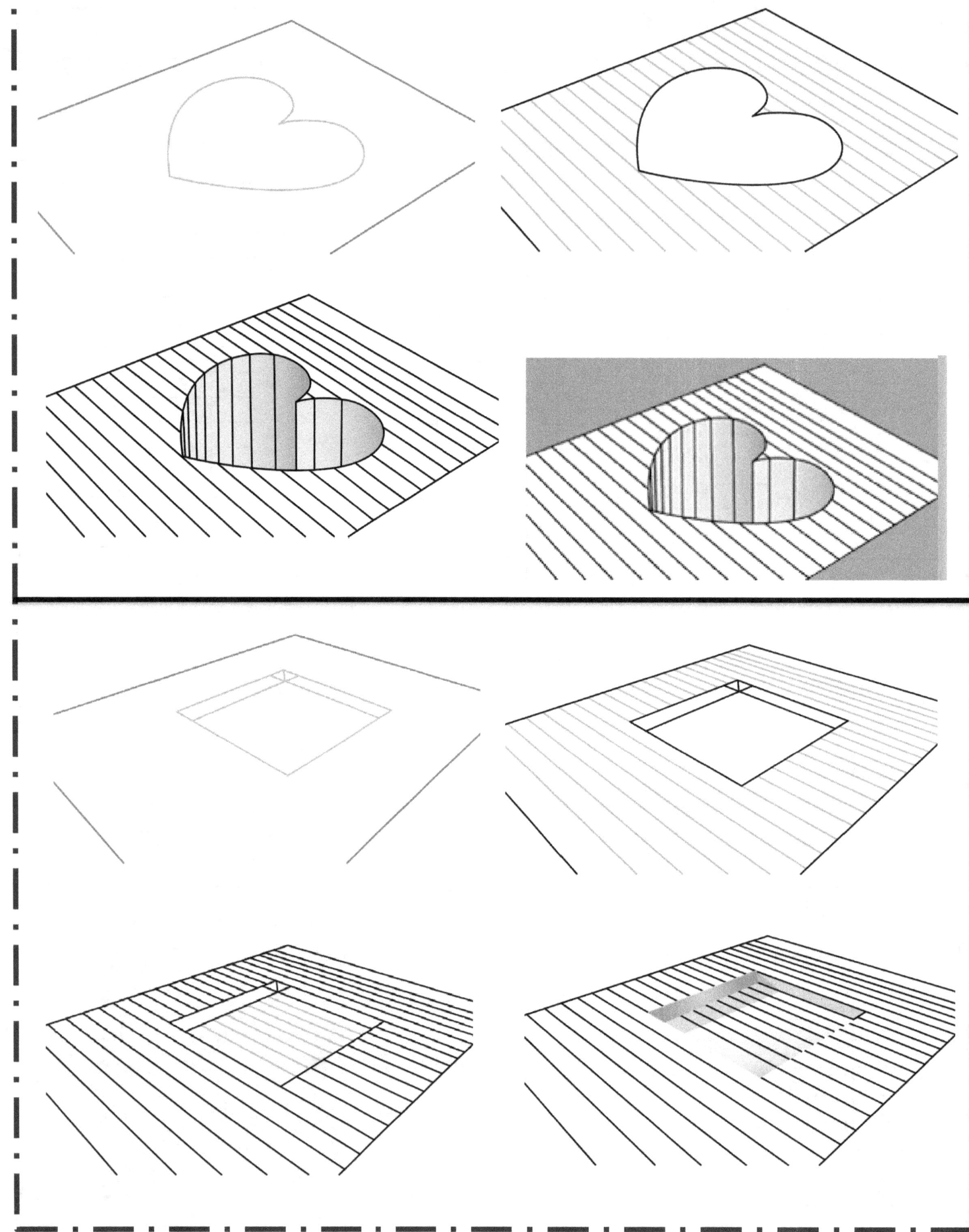

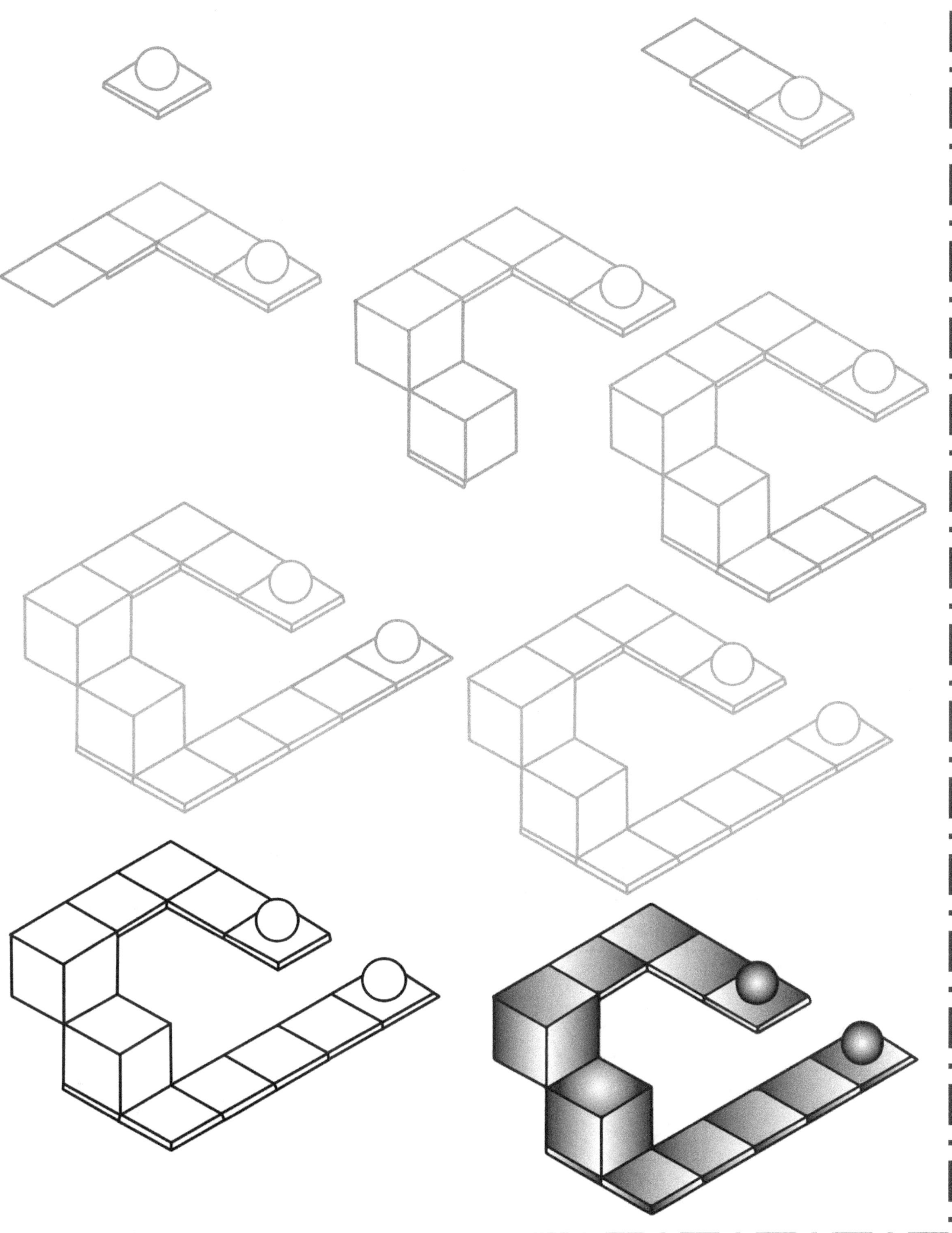

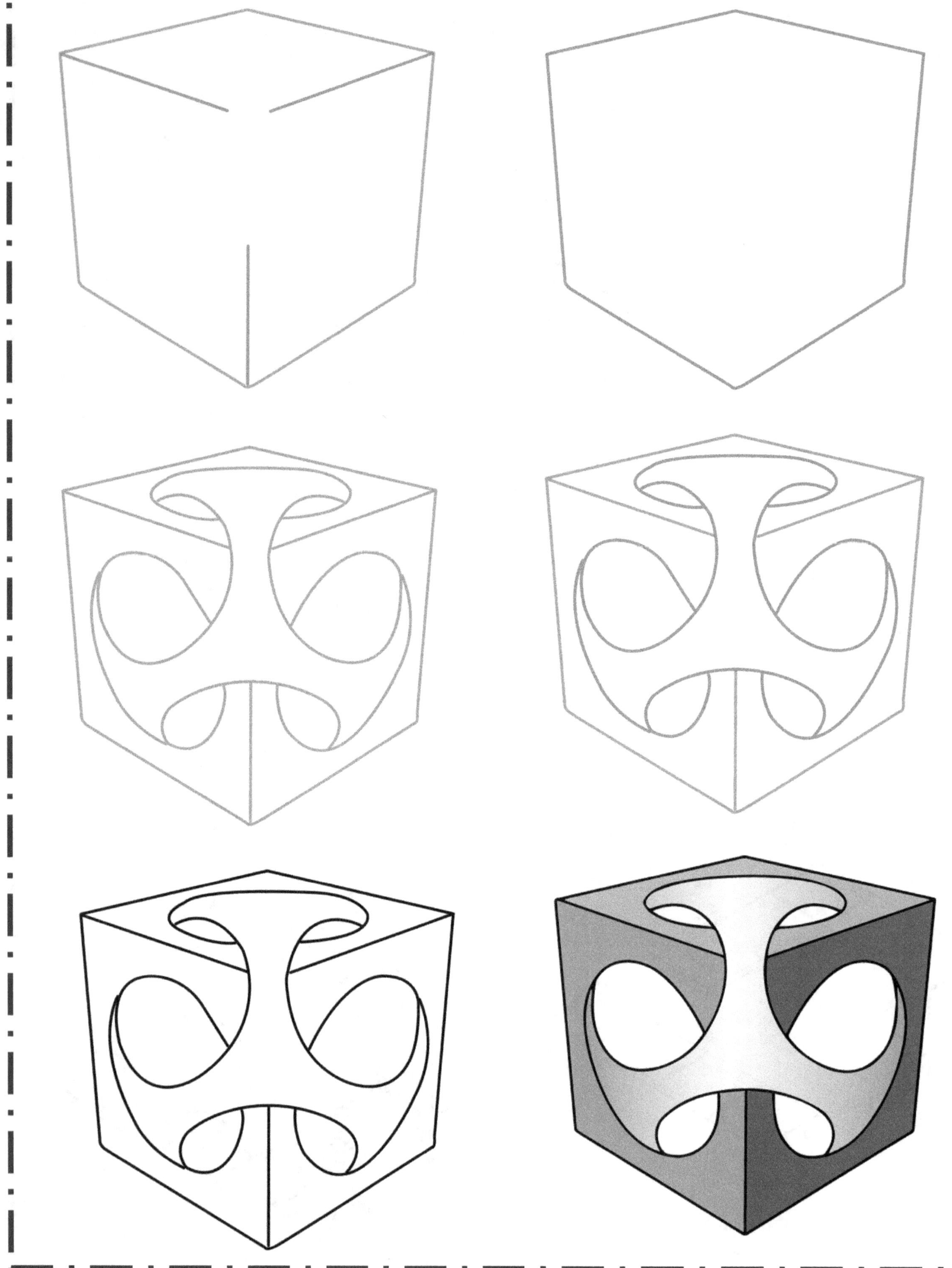

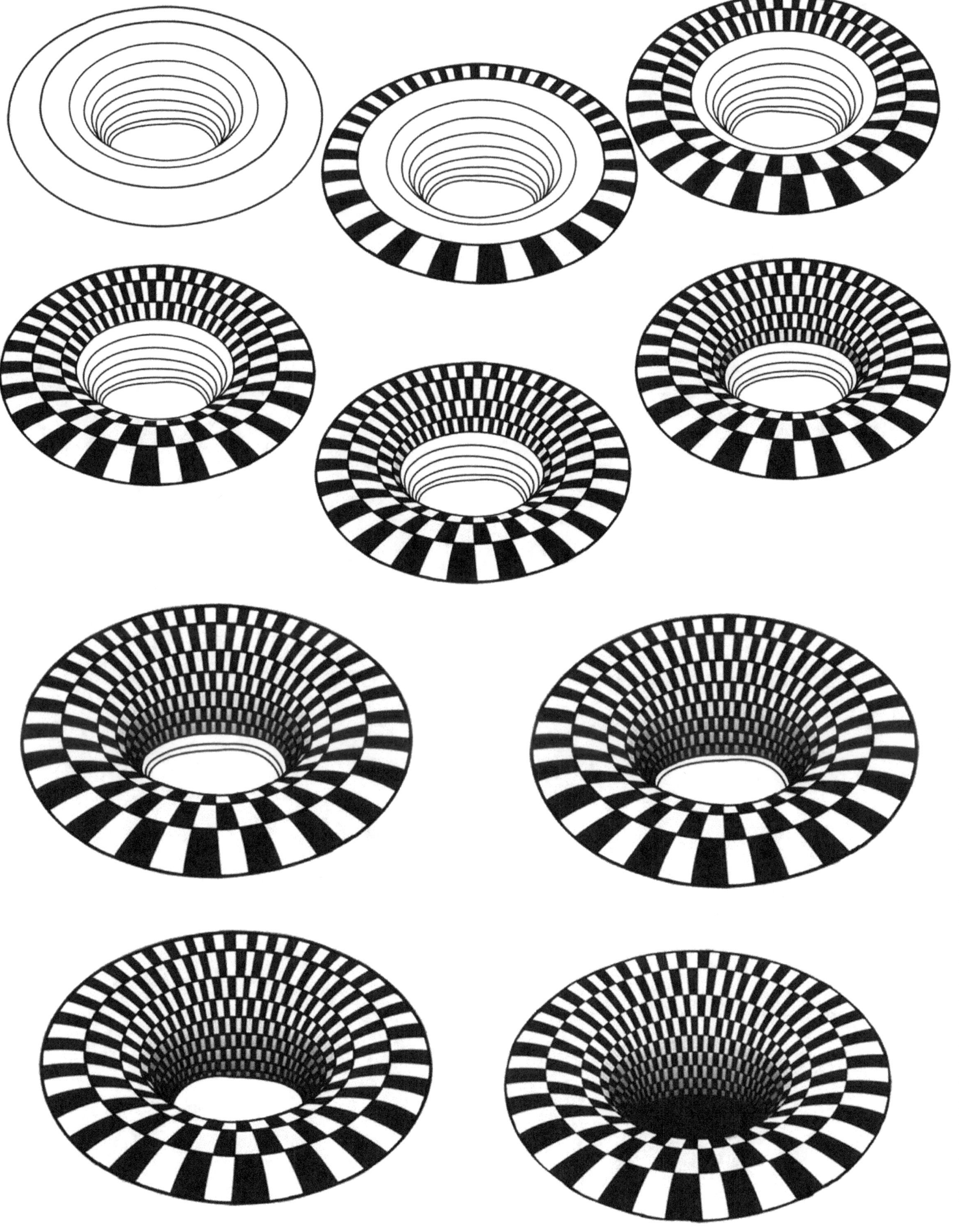

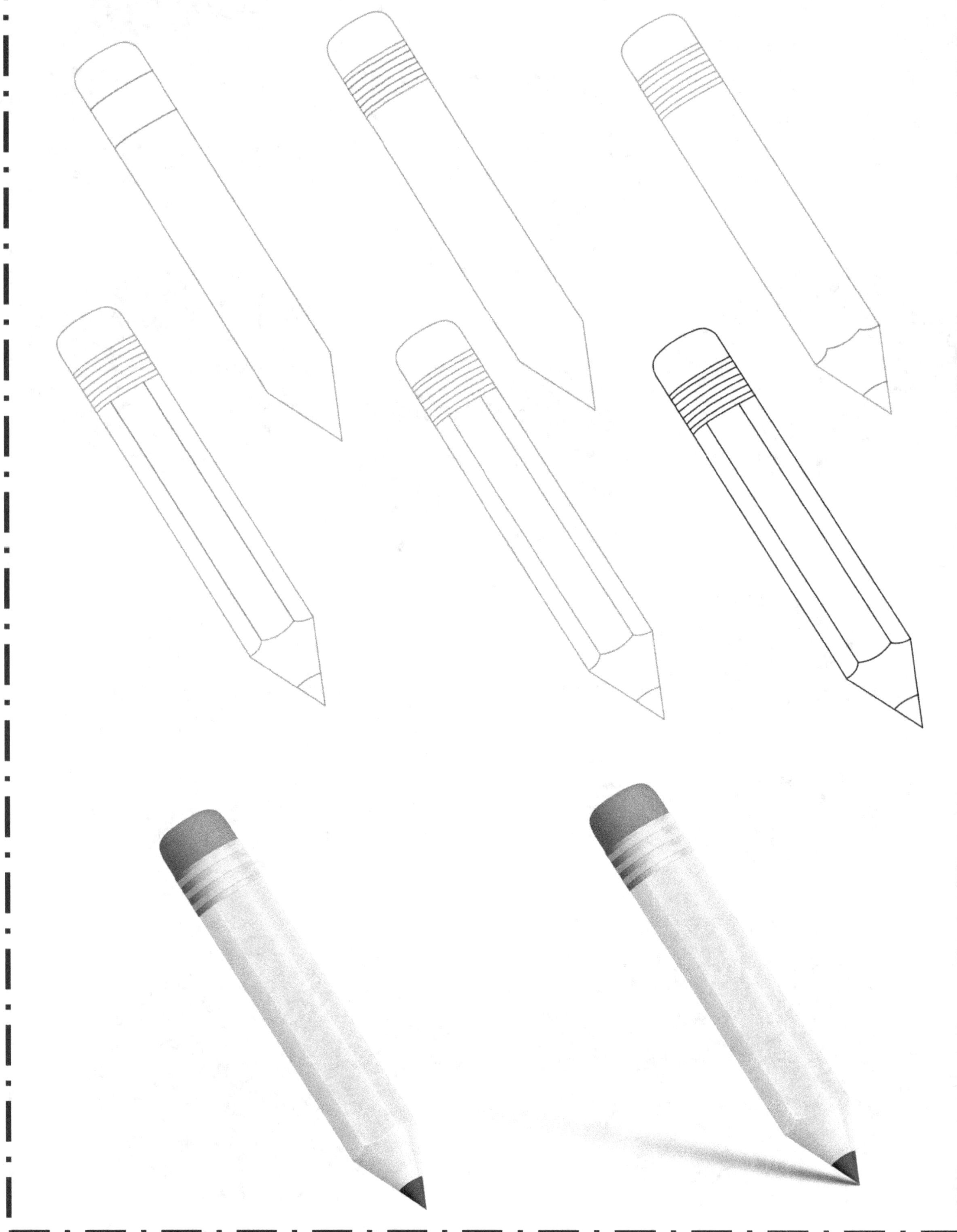

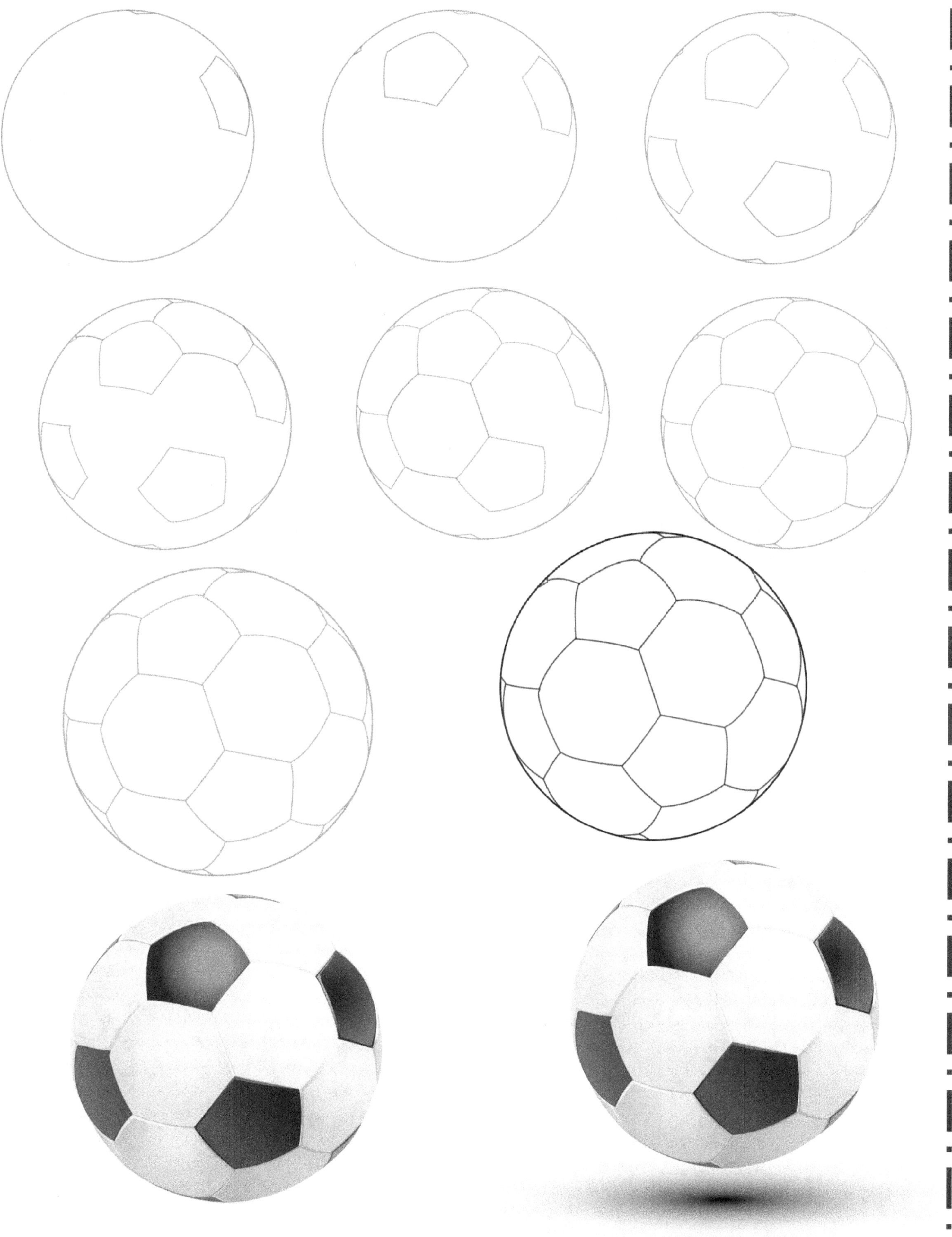

2 20 20

201 201 2017

2017 2017

2017 2017

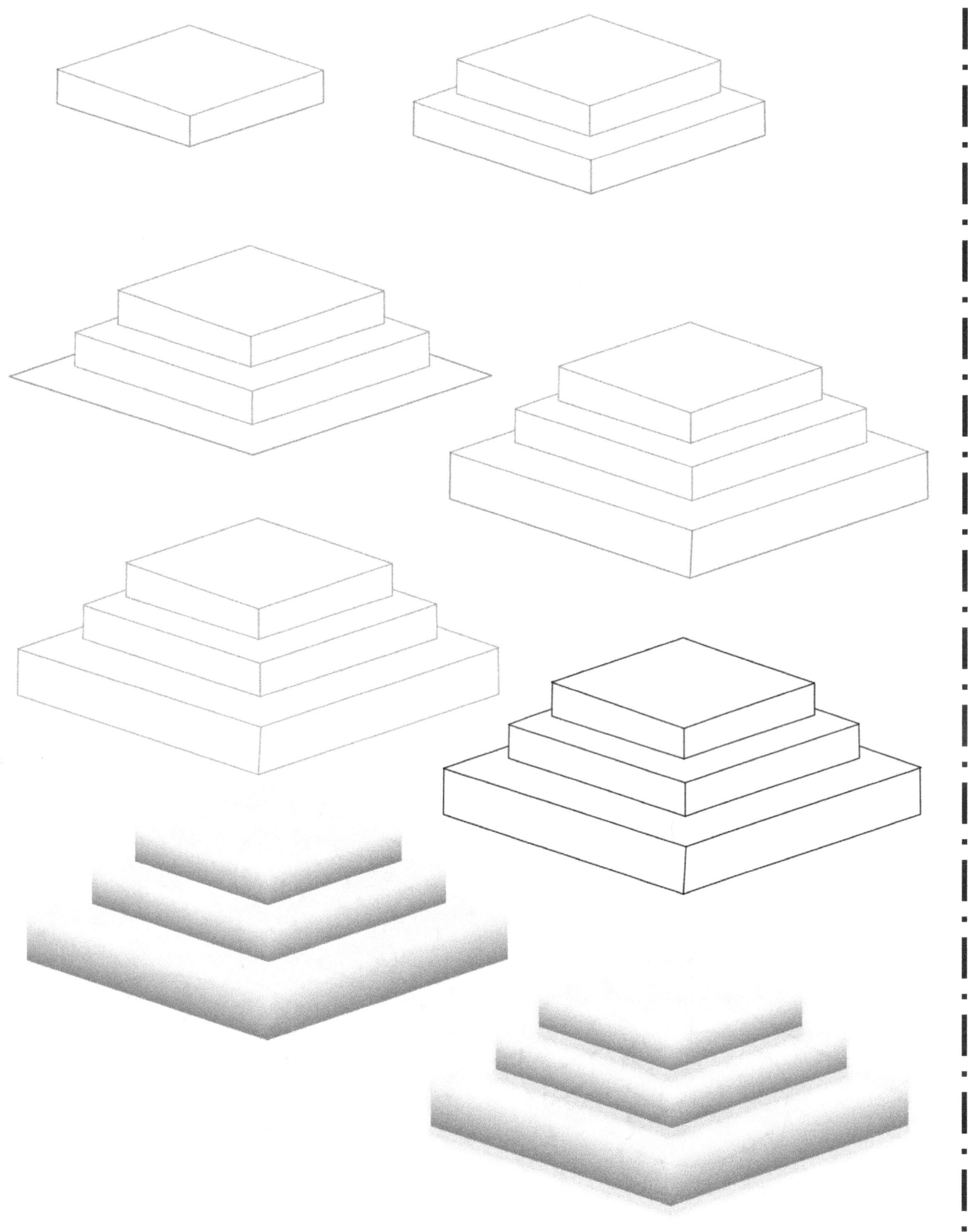

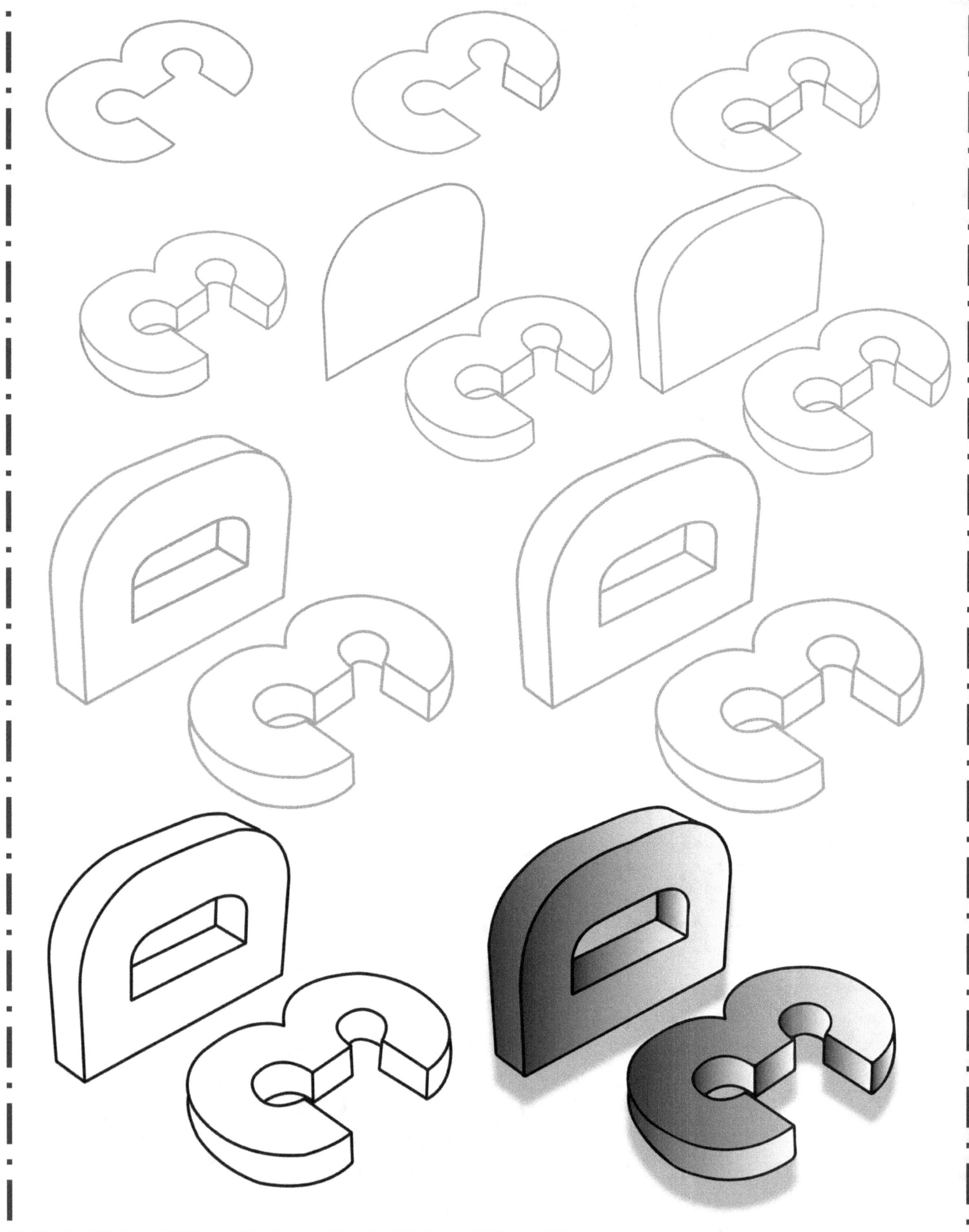

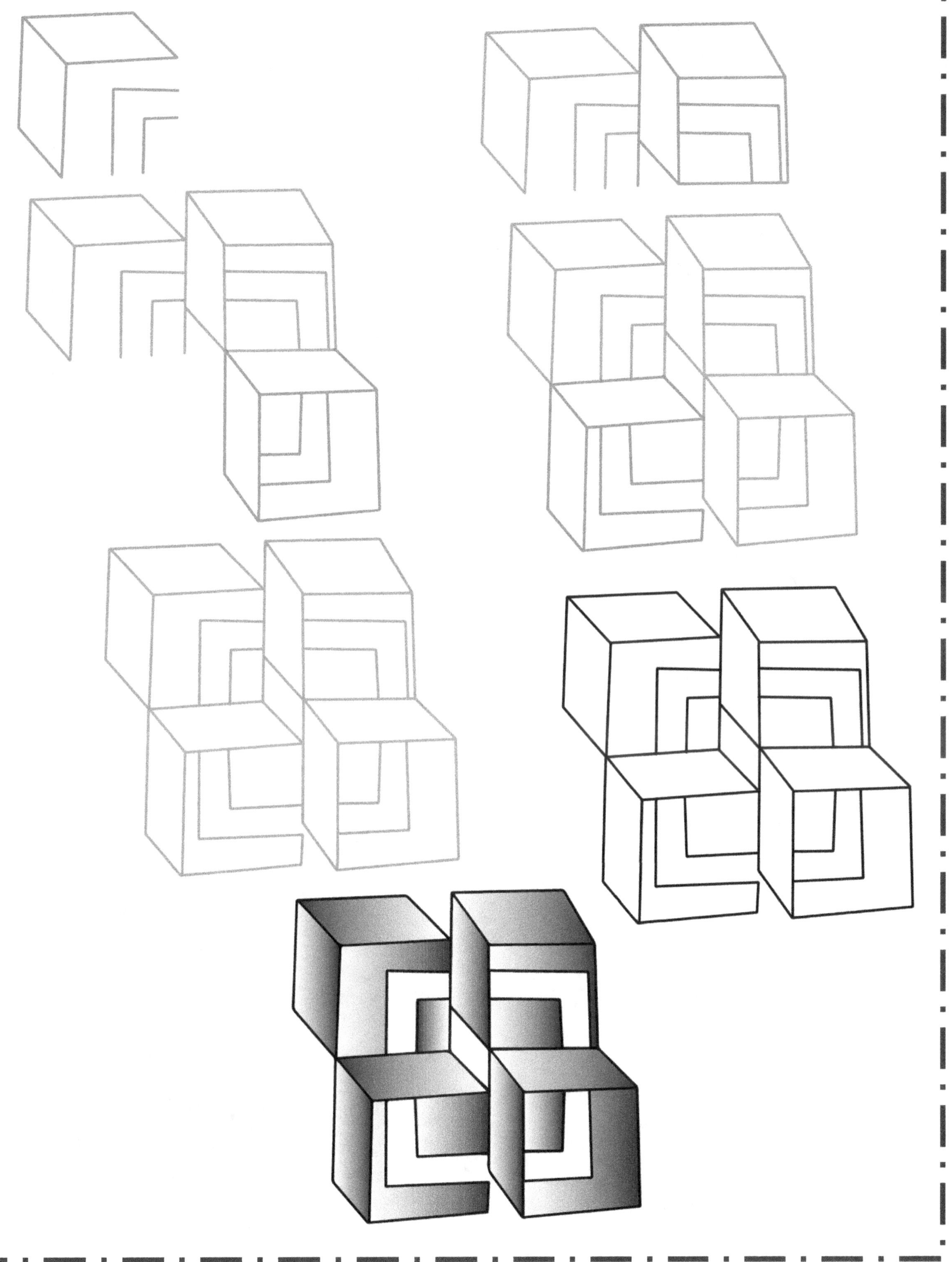

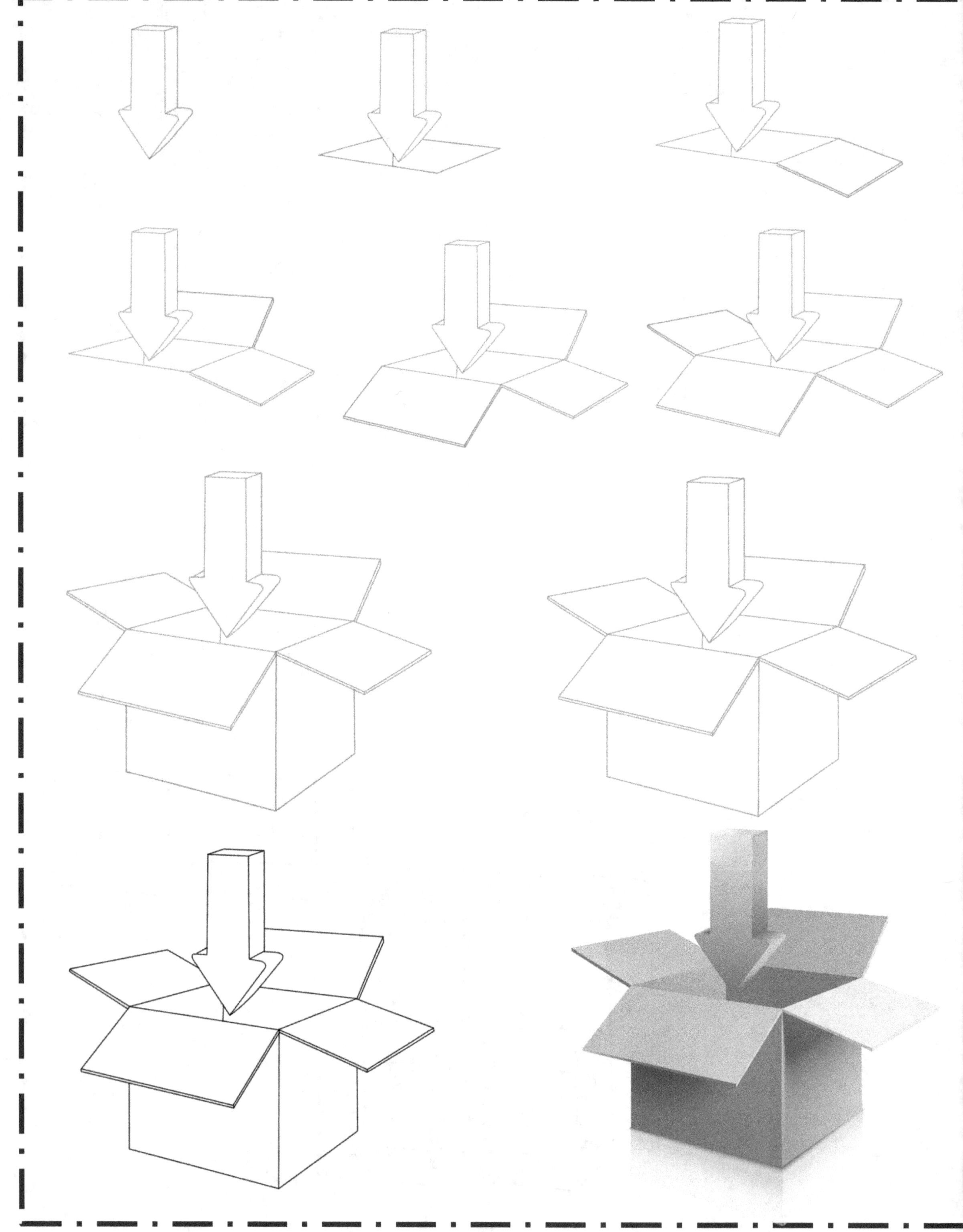

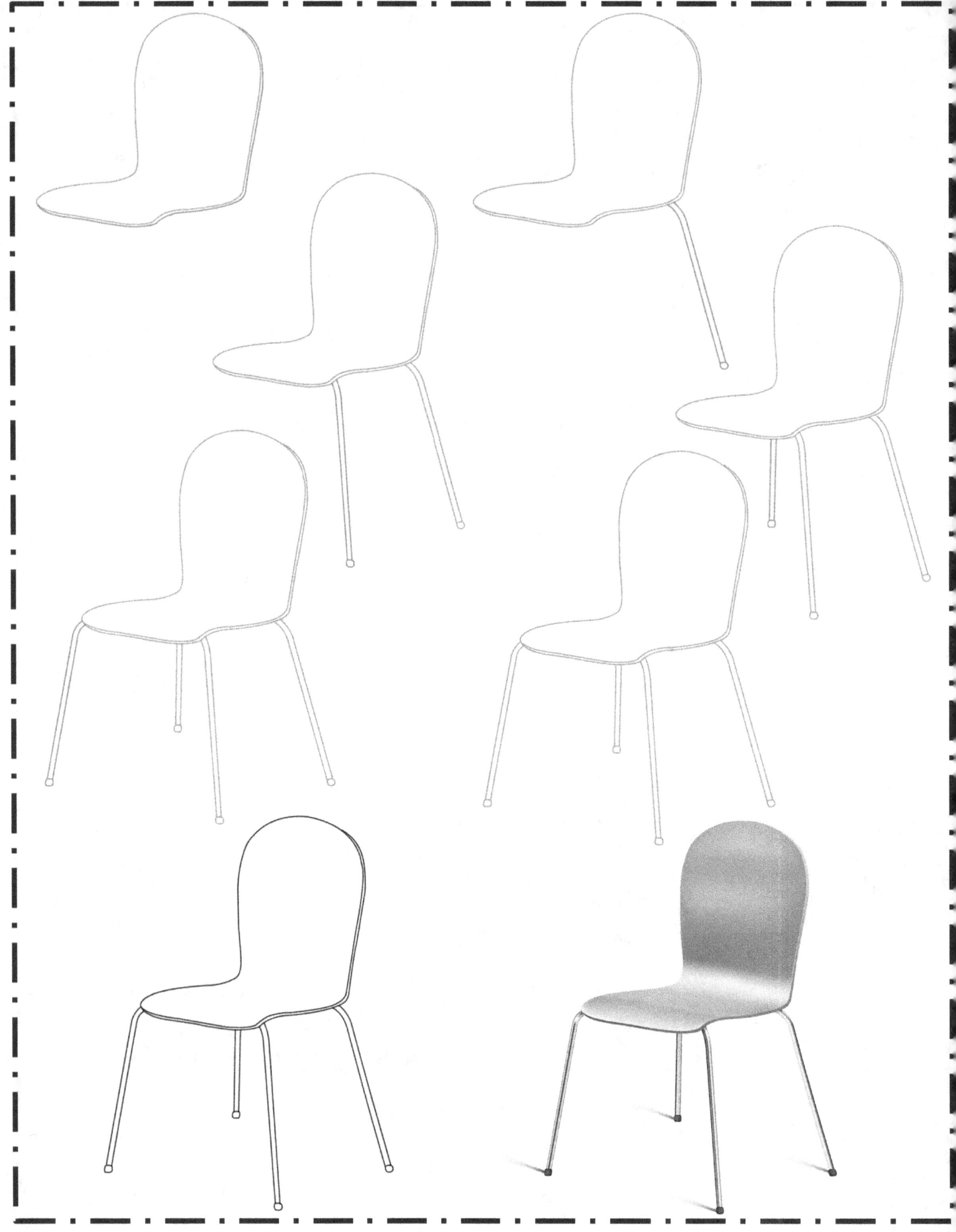

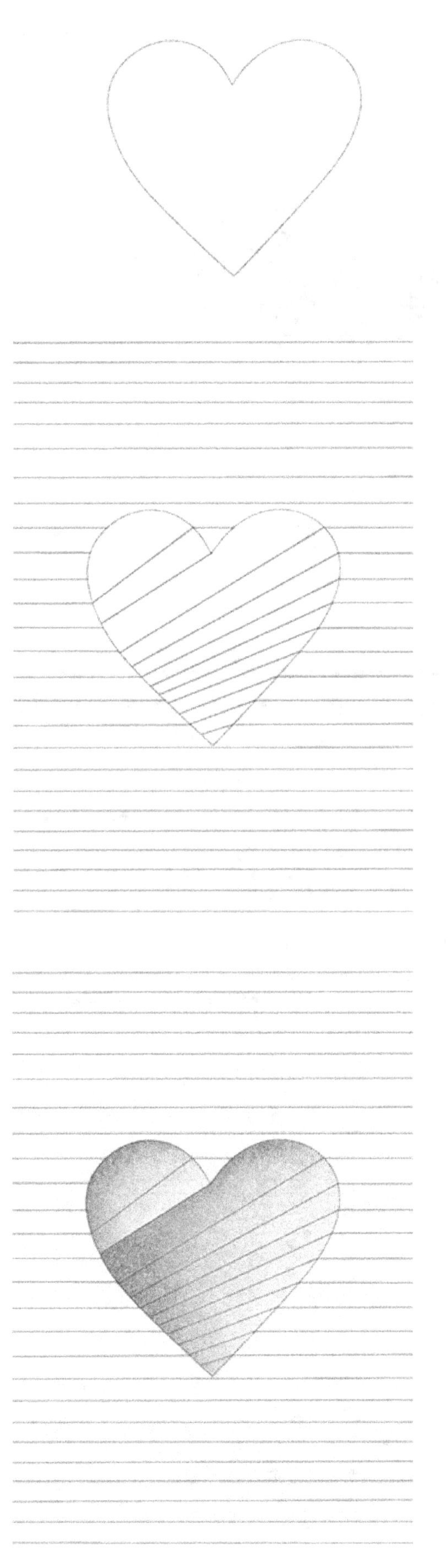

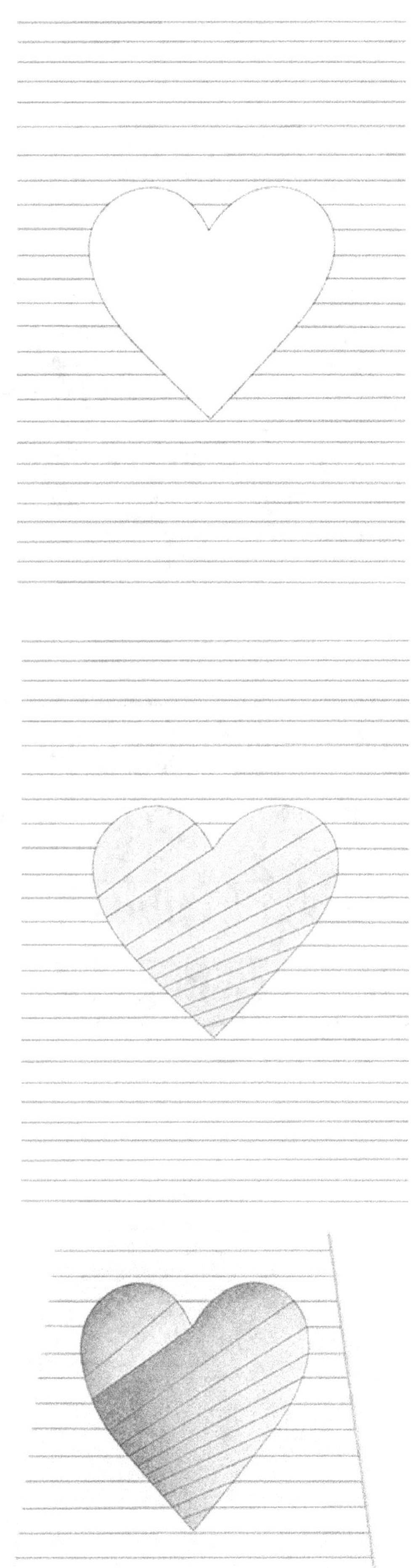

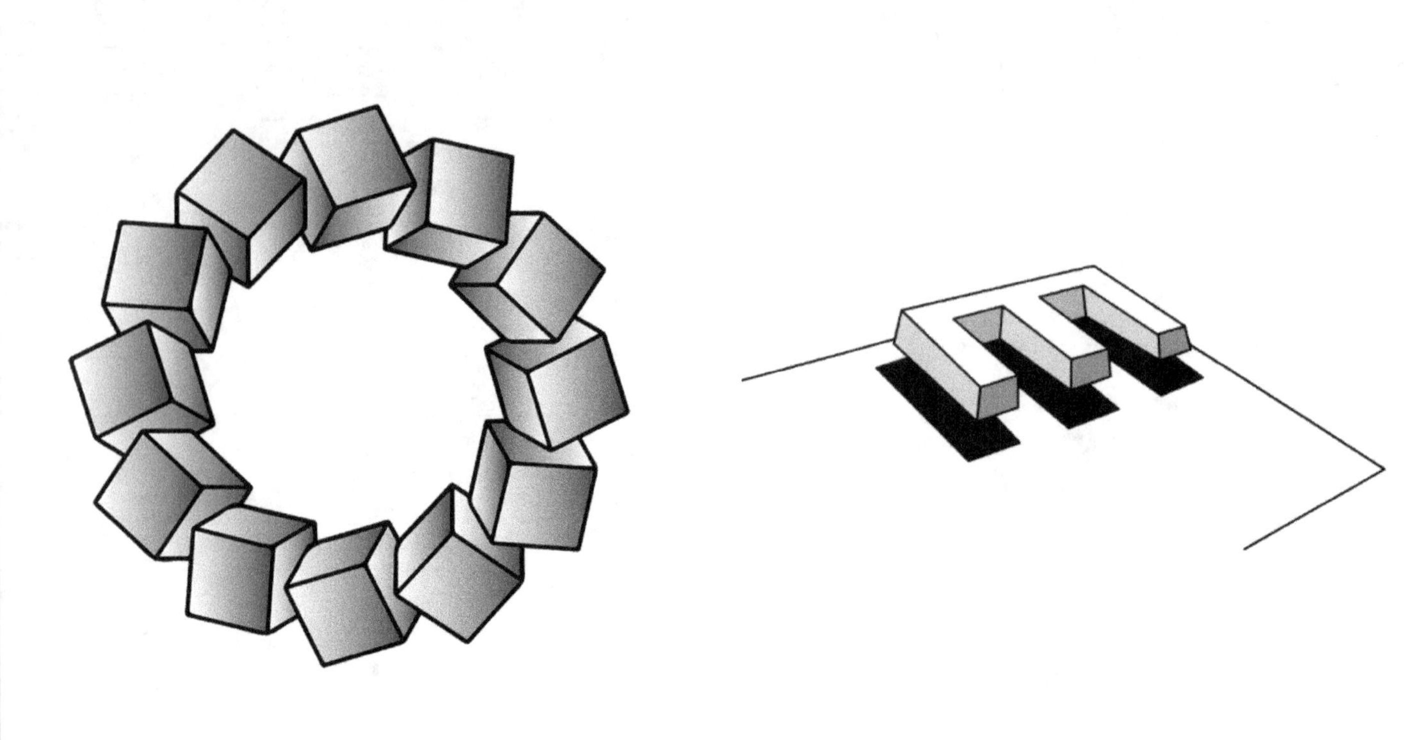

VIELEN DANK, DASS SIE SICH FÜR DIESES BUCH ENTSCHIEDEN HABEN. WIR HOFFEN, DASS IHNEN JEDE SEITE DIESES BUCHES GEFALLEN HAT UND SIE SCHRITT FÜR SCHRITT GELERNT HABEN, WIE MAN ZEICHNET UND IHRE EIGENE KUNST SCHAFFT.

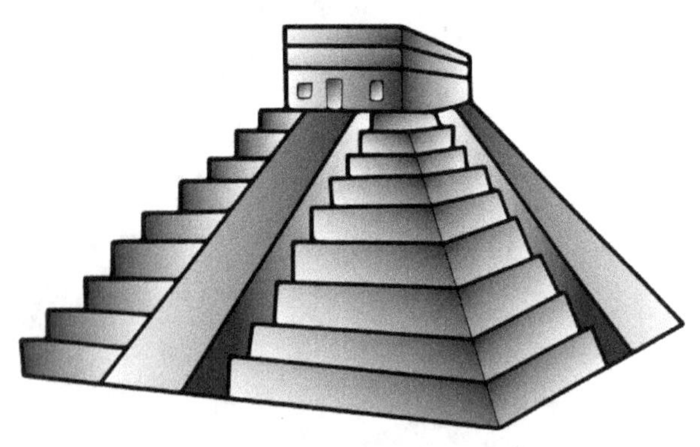

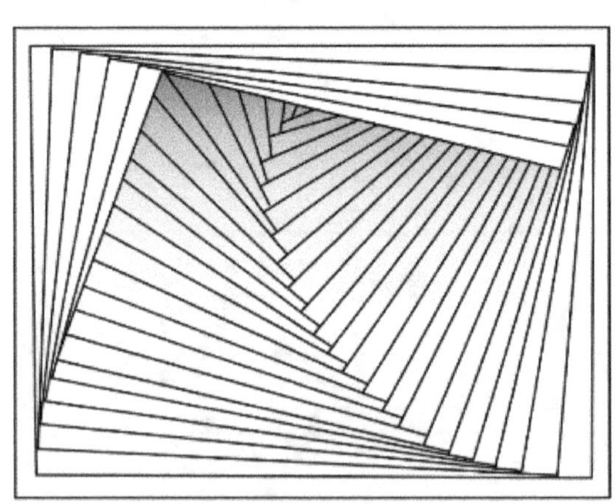

www.ingramcontent.com/pod-product-compliance
Lightning Source LLC
Chambersburg PA
CBHW080220260726
48658CB00008B/2950

* 9 7 9 8 8 7 1 6 6 1 8 0 2 *